図解

なるほど！ これでわかった

よくわかる これからの5S

業務効率と顧客満足度を向上し、
勝ち抜く企業体質を実現する
５Ｓ活動の導入・維持・推進の仕方とは

吉原靖彦

同文舘出版

まえがき

製造業は常に厳しい景気の波にさらされ、競合企業との競争の中にいます。このような状況の中で製造業が勝ち抜いていくためには、「効率向上」と「顧客満足度の向上」を、企業全体として、そして個々人においても工夫・改善・改革をとおして追求していくことが欠かせません。

その工夫・改善・改革のベースにあるものが5Sといえます。これからの5Sは「形の5S」から脱皮して、モノづくりにより密着した活動に高めることが大切です。

製造活動の基（インプット）は4M（人、設備、材料、方法）です。この製造活動は、モノ（設備や材料）そのもののありよう、またモノと人、方法との関係性の中から生まれてくるといえます。モノを「上手にきちんと保管すること」「運搬すること」「取り扱うこと」「使うこと」ができていれば、効率の高い製造活動のベースはできているといえます。これを実現し、製造活動のアウトプットである、P：生産性、Q：品質、C：コスト、D：納期などの目標達成に寄与するのが5S活動です。このようなモノづくりのインフラとしての5Sの導入や、その定着化の進め方と推進技法について、本書では具体的に解説しています。

本書の内容構成は以下のようになっています。内容は主として製造業の生産現場や事務所を対象にしていますが、他の業種においても、基本的な考え方は幅広く参考になるでしょう。

1章では、5Sの狙いと、製造活動とその改善活動の中での5Sの位置づけ、5Sの導入効果について解説します。

2章では、5S活動に欠かせない5Sの推進方策、運動化と推進体制づくりについて説明します。

3章では、5S活動を展開する第一歩である「整理（不要品一掃活動）」の進め方と、その推進ポイントを解説します。

4章では、5S活動の中心ともいえる「整頓」の基本的な考え方と推進技法、またその進め方を解説します。

5章では、整頓の具体的なポイントを、生産現場における作業域や倉庫などの代表的な場所や、工具や材料などの代表的なモノについて解説しています。

6章では、「清掃」の考え方と効果的な推進技法、また職場から汚染を追放する汚染源対策の進め方について解説します。

7章と8章では、5Sの定着化の進め方について説明します。

5Sは導入することも重要ですが、できあがった5Sをどのように維持するかが大きな課題になります。その定着化の進め方を推進面、マインド面、技法面から解説しています。

9章では、製造業の事務所や現場での事務作業効率化のポイントである、書類のファイリングの考え方と、その進め方について説明しています。

10章では、5S活動をベースにしての製造活動の深化と改善、また経営環境の変化の中で5Sの役割と展開の進め方を説明しています。

本書が5Sの導入、推進、定着化を実現するために、そして製造業の競争力強化のお役に立つことを願っています。本書の出版にあたっては、同文舘出版の古市達彦氏に大変お世話になりました。ここに深く感謝の意を表します。

２０１９年４月

吉原靖彦

図解 よくわかる これからの5S●もくじ

1章 勝ち抜く企業体質を「5S」でつくる

2章 5S活動を導入するための基本

3章 5Sの第一歩。「整理」活動の進め方

4章 5Sの最大の課題。「整頓」活動の考え方

5章 現場での「整頓」の進め方の実際

6章 「清掃」の考え方と進め方

7章 5Sを維持・定着化させる方法と進め方

8章 5Sを継続して推進する方法

9章 事務作業を効率化するファイリングの進め方

10章

勝ち抜く企業であり続けるための「5S活動」とは

カバーイラスト　野崎　一人
DTP　春日井　恵実

勝ち抜く企業体質を「５S」でつくる

SECTION 01 5Sはあらゆる製造活動の基本

5Sの目的と重要性

5S活動はモノづくり活動のための基盤づくり。人がモノづくりのためのモノ・コトを整備し、そのモノ・コトが、モノづくりの活動を支える。

勝ち抜き・生き残りは5Sから

製造業は常に厳しい景気の波を受け、翻弄されてきました。これからも景気の波の洗礼を受け続けるでしょう。

このような経済環境の中で製造業が「勝ち抜く」ためには、**「効率向上」**と**「顧客満足度の向上」**を工夫・改善・改革（3K）をとおして追求していくことが欠かせません。

この3Kのベースにあるのが5Sです。

こうした認識は製造業ではかなり浸透してきていますが、今後「勝ち抜く」ためには、「いつもの5S」「今までの5S」では間に合わないのも実態です。

これからの5Sは「形の5S」から脱皮して、5Sをモノづくりにより密着した活動に高め、製造業の改善活動の狙いに直接的に役立つ活動にすることが大切です。

このような5S活動ですが、モノづくりの効率向上に役立つ働きを徹底追究し、結果として職場での作業や仕事の進め方の基本として習慣化、さらには体質化を目指して展開することが必要です。

製造業と5Sの関係

製造活動は突き詰めると、モノとの関係性の中で生まれてくるといえます。

モノを上手に保管すること、運搬すること、取り扱うこと、使うことができれば、効率の高い製造活動のベースはできたともいえます。

これを実現するのが5S活動です。

段取り八分と5S

日本人はモノづくりが得意な国民といわれています。日本のモノづくりはいわゆる「職人さん」が担ってきました。鎧《よろい》をつくる職人、刀をつくる職人、鍋・釜をつくる職人、食器をつくる職人などなど、実に多くの職人さんがいました。

これらの職人さんの世界で、よい品質のモノをつくるために、また効率よく作業を進めるために、その急所といわれてきたのが「段取り八分」という言葉で、それがモノづくりの知恵でした。

「段取り八分」という知恵が、現代のモノづくりの知恵として5S活動で花開いたといえ、日本の長いモノづくりの歴史の中で培われてきたDNAです。

5Sの目的とは？

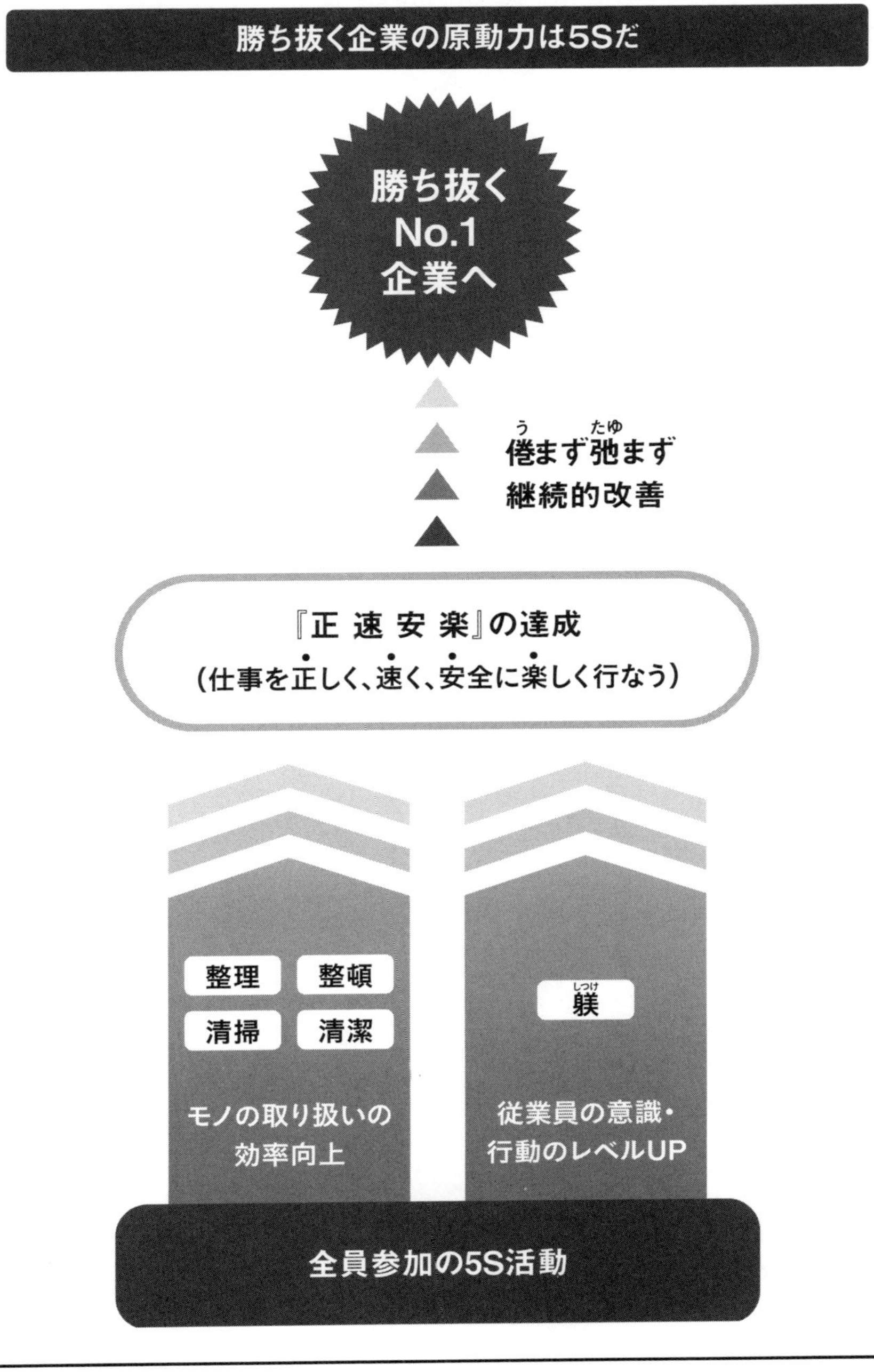
勝ち抜く企業の原動力は5Sだ
勝ち抜く
No.1
企業へ
倦《う》まず弛《たゆ》まず
継続的改善
『正 速 安 楽』の達成
（仕事を正しく、速く、安全に楽しく行なう）
整理
整頓
清掃
清潔
モノの取り扱いの
効率向上
躾《しつけ》
従業員の意識・
行動のレベルUP
全員参加の5S活動

SECTION 02

５Ｓ＝整理・整頓・清掃・清潔・躾とは

５Sの定義で５S活動を明確にする

５Ｓとは何だろうか？　その働きや狙いを端的に表わしたものが定義だ。５Ｓ活動の内容がぶれないように、「整理・整頓・清掃・清潔・躾」の定義を明確にしよう。

５Sのルーツ

５Ｓの歴史をたどると、第二次大戦前の軍需工場までさかのぼります。

当時のニュース映画を観ると、軍需工場の壁には「整理・整頓」という標語が貼ってあるのを見かけます。

しかしこれらの標語は、単なるスローガンだったと思われます。「整理・整頓」ということに対する、具体的な定義や手法・技法をきちんと設定したうえで、改善活動として取り組んだものではなかったようです。

その後、第二次大戦後に日本の産業が復興し、高度成長時代に突入する前夜、昭和30年代前半ごろに、現トヨタ自動車の関連会社の現場で、**３Ｓ運動（整理・整頓・清掃）**が改善活動として生まれました。そしてその改善効果が評価され、広く他の製造業に広がっていきました。

このような中で、３Ｓ運動は各社で工夫が加えられ、また高度化され、５Ｓ活動へと成長していきました。

こうした歴史の中で5Ｓの定義も定まり、手法・技法も整備され、改善の重要な手法として定着・普及しました。

５Ｓはまさに日本の製造業の高度成長の黒子役をはたしてきたといえます。

５Sの定義

５Ｓは、その活動項目である**「整理・整頓・清掃・清潔・躾」**のそれぞれをローマ字で書くとき、すべて「Ｓ」で始まるために「５Ｓ」といわれてきました。

左表の５Ｓの定義に見られるように、５Ｓ活動の働きかけ先には「モノ」と「ヒト」があります。

「整理・整頓・清掃・清潔」はモノに対する働きかけで、「躾」はヒトに対する働きかけです。

この「整理・整頓・清掃・清潔」のルールなどをきちんと守ることによって「効率向上」と「顧客満足度の向上」を実現できるのですが、ヒトが5Ｓのルールを破ればその目的を達成できません。

したがって躾によって5Ｓのルールを維持することが大切で、これにより「整理・整頓・清掃・清潔」の維持向上につながります。「５Ｓは躾に始まり、躾に終わる」という言葉にその真髄があります。

5Sの定義で5S活動を明確にする

5Sの定義

整理 (Seiri)	要るモノと要らないモノに分け、要らないモノを処分すること  要るモノ　要らないモノ
整頓 (Seiton)	要るモノを所定の場所にきちんと表示をして置くこと 
清掃 (Seisou)	身の回りのモノや職場の中をごみ・汚れのない状態にすること 
清潔 (Seiketsu)	いつ誰が見ても、誰が使っても、快適なようにきれいにしておくこと 
躾 (Sitsuke)	職場のルールや規則を守り、上の4Sの努力を継続していくこと  ●帽子　●名札　●安全メガネ　●安全ぐつ

5Sの働き

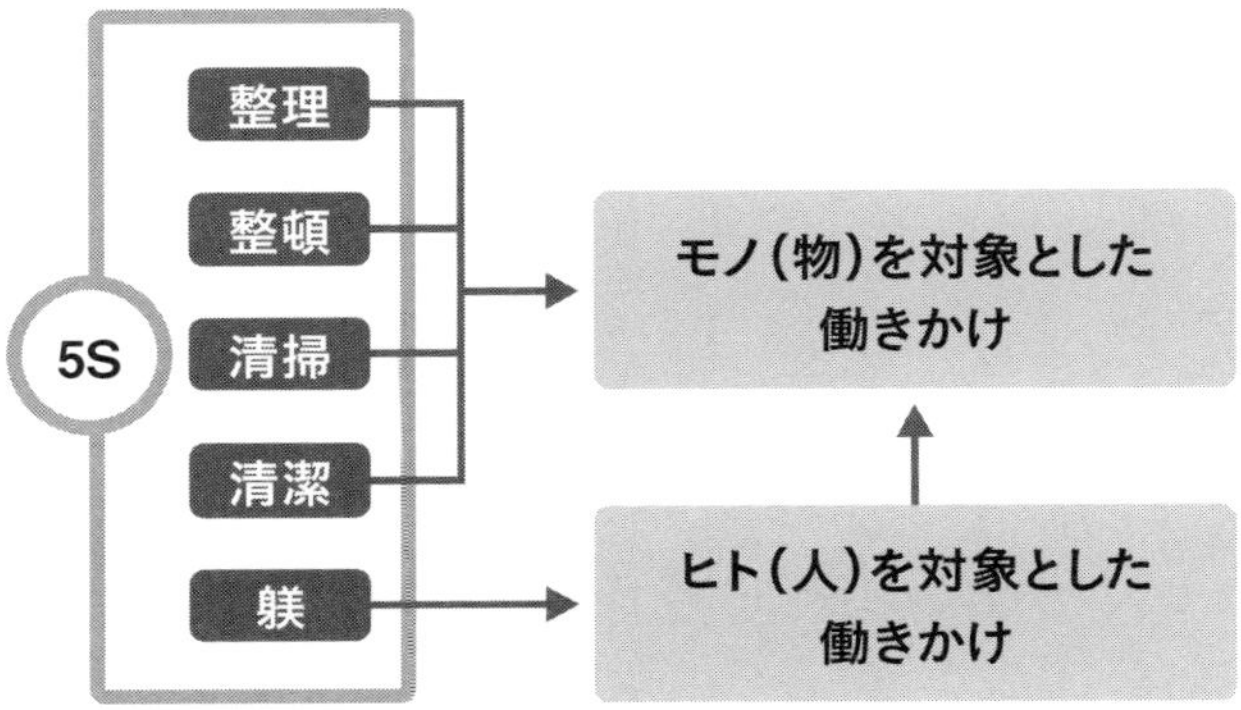

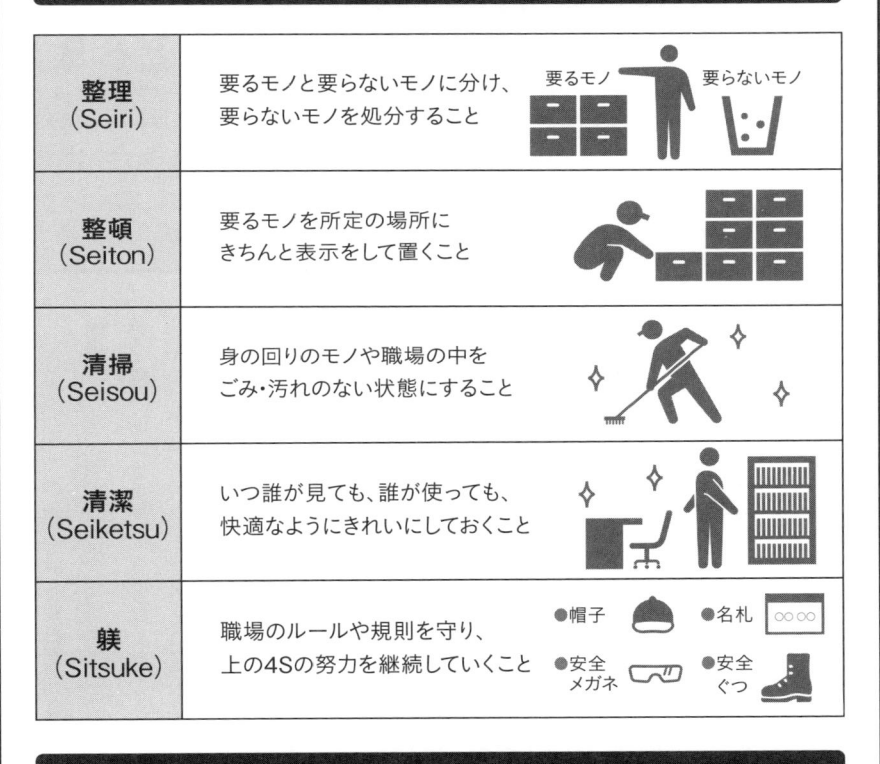

SECTION 03

5Sは効果的な活動の基礎だ

改善のフレームワークと5S

生産活動や改善活動の中での、5Sの位置づけを明確にしよう。5Sはこれらの活動の基礎であり、基盤＝インフラストラクチャーだ。

改善の究極の目的

企業の目指す究極の目的は**「勝ち抜く企業であり続ける」**ことでしょう。

これを達成するには、基本理念として「効率向上」と「顧客満足度の向上（CSの向上）」の2つを同時に実現できるよう、複眼的な活動を行なうことです。

「効率向上」の狙いは**「今日の利益の確保」**です。今現在行なっている生産活動を効率的、効果的にムダなく行なう中でコストダウンを図り、利益の確保を目指します。

「顧客満足度の向上」の狙いは**「明日（将来）の利益の確保」**のため、受注の確保・増大の中から利益を確保することです。そのためには顧客満足度を高めることで会社のお客様を増やすこと、換言するとファンを増やすことが必要です。

モノづくりの基本

基本理念である「効率向上」と「顧客満足度の向上」を達成するには次のようなモノづくりを実現することが必要です。

✓良品を柔軟につくる

・100%良品を確保する
・品質は工程でつくり込む

✓速くつくる

・生産のリードタイムを短縮する
・必要なときに、必要なものを、必要なだけつくる（「ジャストインタイム」の実現）

✓コストダウンを推進する

・「売価は顧客が決める、原価は企業努力で決まる、その結果で利益が決まる」という原価低減主義で改善を進める
・徹底して現場でのムダを排除する

取り組み課題

モノづくりの基本を具現化するために、次のような具体的項目について目標を設定し、改善を推進することが必要です。

▽今日の利益ための生産目的

日々の生産での利益は、「P（生産性）・Q（品質）・C（コスト）・D（納期）の維持と向上」から得られます。これを目指して改善を進めます。

▽明日の利益のための生産目的

明日の利益、長い目で見た生産での利益の向上は、「在庫削減とリードタイムの短縮」を目指して進めます。

改善のフレームワークと5S

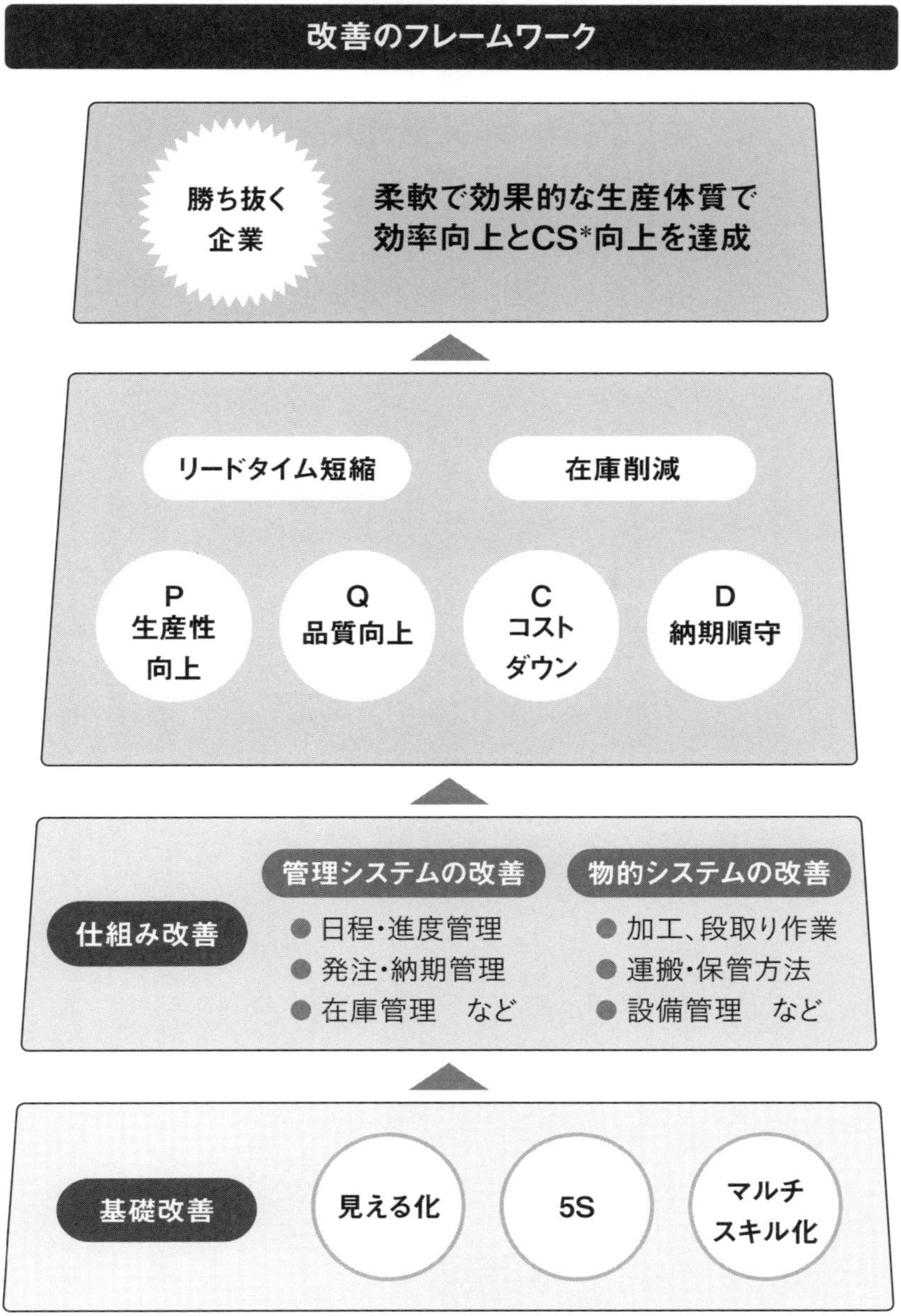

*CS：顧客満足（Customer Satisfaction）

SECTION 04

改善は「仕組み改善」と「基礎改善」からなる

仕組み改善と基礎改善の役割

改善活動の基盤（インフラストラクチャー）は、モノ・ヒト・管理（運営）の面の整備にある。5Sはこれらの活動の中心だ。

生産の目的（3項参照）を達成する改善活動の推進方策として、「仕組み改善」と「基礎改善」の2つがあります。

「仕組み改善」とは

「仕組み改善」は作業や業務のやり方（手順や基準）をより効率的・効果的なものにするための改善で、次の2つの改善の側面があります。

✓**「管理システム」の改善**……直接的な生産活動（製造活動）に対する支援活動の仕組みです。通常は「事務所」で行なわれている業務（事務所の仕事）といえます。

✓**「物的システム」の改善**……直接的な生産活動（製造活動）の仕組みです。これは製造現場で行なわれている作業面（現場の仕事）といえ、**「作業システム」**ともいいます。

基礎改善の役割

「基礎改善」は、仕組み改善でつくり上げられた作業や業務を実施するにあたり、これを効率的かつ確実に進めるためのインフラ整備（基盤整備）といえます。

基礎改善がしっかりできていないと、せっかく構築した管理システムや物的システムも、その実施・展開の段階で各種のムダを生んで、改善の成果を十分に生むことができなくなります。

基礎改善の内容

基礎改善には基本的なものとして、以下の3つがあります。

✓基礎改善の第1は**「5S」の整備**です。5Sはモノの面からの基礎改善、すなわち「モノの面の基礎づくり」で、モノの取り扱い、保管、活用が効率的にできるようにします。

✓基礎改善の第2は**「見える化」の整備**です。これはPDCA（P：計画、D：実施、C：チェック、A：処置）の各段階を見える化し、情報や管理の共有化・効率化、そして効率的な運用を図ります。すなわち「情報や管理の面の基礎づくり」です。

✓基礎改善の第3は**「多能工化」**の展開です。多能工化はヒトの面からの基礎改善で、人の能力の拡充や向上により、ヒト起因の非効率さの改善を担います。すなわち「ヒトの面の基礎づくり」です。

「仕組み改善」と「基礎改善」

基礎がゆらぐと……

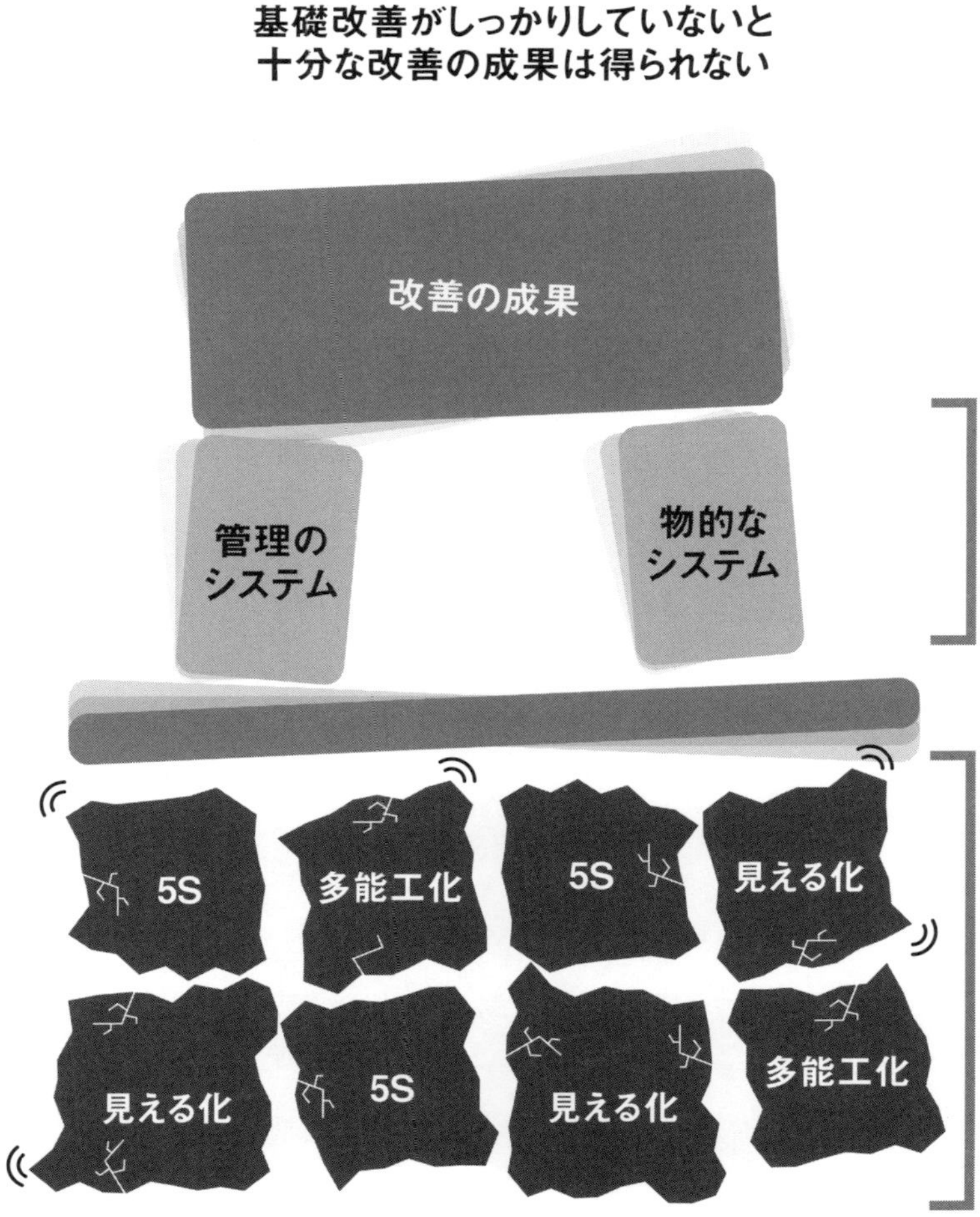

SECTION 05

仕組み改善と基礎改善はセットだ

「仕組み改善」+「基礎改善」で改善の成果が生まれる

「仕組み改善（生産システムや製造の手順の改善）」と合わせて、「基礎改善（5S、見える化、多能工化など）」ができて、はじめて目指す改善目標を達成できる。

改善成果達成の要件

「仕組み改善」は、管理システムや作業システムのやり方を効率的・効果的にするのが狙いの改善です。これは最終的には、コストダウンを目指した活動です。

しかし、この改善の狙いを確実に達成するには、5Sを中心にした「基礎改善」の整備が必要です。

よいモノづくりの仕組みができれば、狙いどおりのコストダウンが実現できるというものではありません。コストダウンはよい仕組みを運用する作業現場での4M（人、設備、材料、方法）のきちんとした整備や管理、すなわち基礎改善があって、はじめて実現できます。

改善成果を狙いどおりに達成するには、仕組みを成果に結びつけるための触媒役として基礎改善が不可欠なのです。

改善成果を刈り取れない例

仕組み改善がしっかりとできていても、5Sができていないために生じる問題点、即ち成果の刈り取りが十分にできない例を見てみましょう。

「在庫削減における仕組み改善」……

この改善での狙いは「過大在庫の防止、欠品の防止」でしょう。

仕組み改善の代表的なものとしては、「入出庫の管理体制の見直し」「入出庫処理のバーコード化」「発注点方式の適用」などがあります。

このような仕組み改善の取り組みができていても、在庫管理ではその運用の現場があります。

部品倉庫や材料倉庫の整理・整頓がきちんとできていないと、各種のムダ（6項参照）を生じ、在庫削減での狙いである「過大在庫の防止、欠品の防止」を達成することはできません。

例えば、発注点方式で基準を決めて、適切に補充発注を行なっても、整理・整頓が不備だと、該当する現品の所在が不明になったり、不要品に隠れて見つからなかったり、といったことが発生します。

すると、納期に追われている現場では、在庫がないと見なして手配してしまいます。これが結果として後で見つかることになると、見なし手配は過大在庫になります。

「仕組み改善」＋「基礎改善」で改善成果を生む

「仕組み改善」と「基礎改善」との改善成果の関連

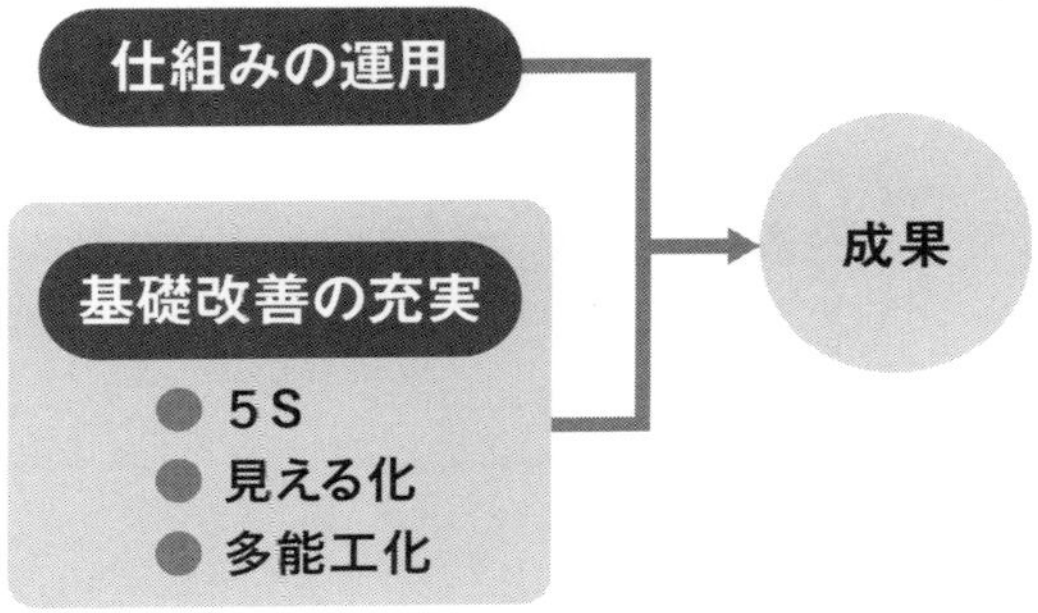

「基礎改善」ができていないと……

在庫管理

バーコードシステムの導入で入庫・出庫や在庫数量の管理体制はできているのに、在庫管理の狙いである欠品や過大在庫がなくならない。なぜだろう?

▼

倉庫の中を見ると……床に現品がベタ置きされていたり、棚の位置表示がないものがあったり、現物と不一致の表示もある。このため、必要なものを出庫しようとしても探す時間がかかり、見つからないこともある

段取り改善

段取り作業分析をして、内段取り・外段取りの区分化や、内段取り作業の迅速化のための治具改善も行なったが、計画どおりの段取り時間の短縮につながっていない。なぜだろう?

▼

段取り作業中に……段取りに必要な工具や治具・金型の保管場所の表示がないものもあり、これらを探して歩き回っている。このため余分な時間が消費され、結果として段取り時間が長引いている

SECTION 06

ムダを排除してロスを減らす

5Sによる生産活動でムダを排除する

生産に投入する材料、時間などのすべてが製品に転化されればよいが、生産活動にムダが生じると、これらが製品に転化されずにロスとなる。

効率向上とムダ

「効率向上」の狙いは「今日の利益の確保」です。今現在行なっている生産活動を効率的・効果的にムダなく行なって、コストダウンを図り、利益を確保します。

ムダとはお金を生まない、言い換えると付加価値を生まない「モノ・コト（動作・作業・業務やモノ）」です。

「ムダ」はモノづくり（製造プロセス）の中で発生し、インプットである**4M**や時間、情報、お金の浪費、すなわちロスを発生させます。

ムダの実態

5Sができていないと、ムダは次のような側面と形で発生します。

▽生産性低下のムダ
- 探す時間の増大
- 作業の動作時間の増大
- 歩行時間、距離の増大
- 設備の稼働率の低下（故障の発生）
- スペースの浪費

▽品質不良のムダ
- 品質不良の発生で材料費の増大
- 不良発生で再手配、再加工の発生

▽コスト増大のムダ
- 再手配の発生
- 電力量、水道光熱費などの増大

▽納期未達のムダ
- 作業の着手遅れ

▽不安全のムダ
- 労働災害の発生

▽士気・意欲低下のムダ
- 快適で安全を誇れる職場でないために、働く意欲、改善意欲の低下

動作のムダに関しては、月に1～2回の発生ならば、目くじらを立てることもないでしょう。しかし、実際には作業や業務の中で、種々の工具や部品などを1日に何十回・何百回と扱うので、1日の作業時間に占めるムダ時間は掛け算での発生となり、大きなものになります。

もうひとつの改善

製造プロセスを侵食するワルサには、もうひとつ「非効率」があります。

ムダの排除がひと段落したら、付加価値を生んでいるが、やり方によってはもっと短時間で作業ができるといった、作業改善などで効率の向上を図ります。

5Sによる生産活動でムダを排除

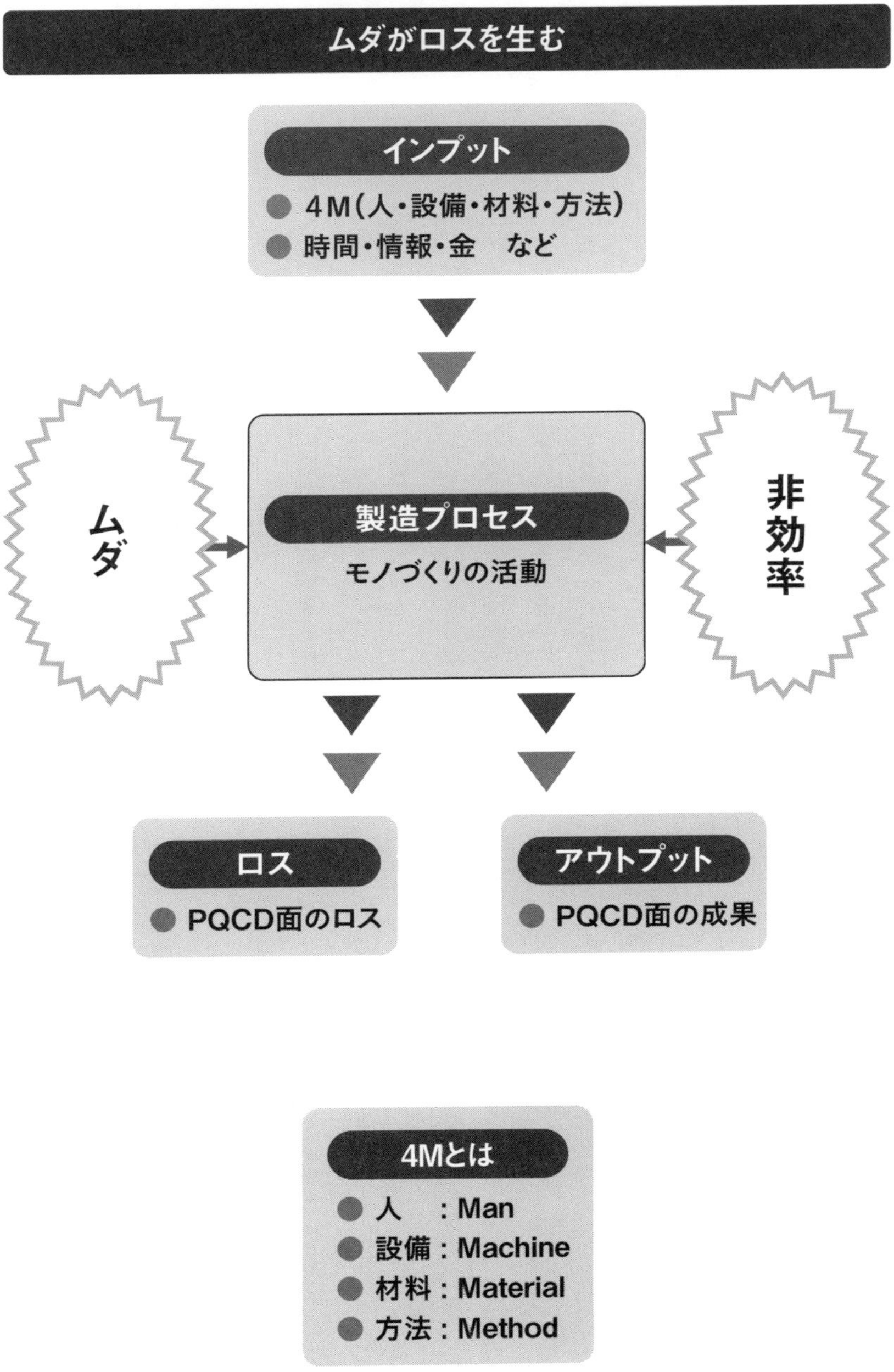

SECTION 07

5S活動は利益を生む

5Sと利益の流れを知ろう

5Sレベルが向上すると、生産活動の過程で生まれる各種のムダを削減できる。その結果がコストダウンだ。そしてそこから利益が生まれる。

5S活動の展開によって職場の整備が進むと、「4Mの質の向上→PQCDの向上→原価要素の低減」でコストダウンとなり、そこから利益が生まれます。

5Sで4Mの質を上げる

5S活動でモノづくりの元である経営資源（4M）の質が向上します。

▽人の質の向上
・モノを大切に扱う心の向上
・ルールを守る心の育成
・改善マインドの向上

▽設備の質の向上
・確実な予防保全の実施
・設備の性能の維持向上
・設備故障が低減する

▽材料の質の向上
・材料の廃棄ロスが減る
・余剰な在庫が削減される

▽方法の質が高まる
・工具や部品などの取扱性が向上し、動作が効率的になる
・レイアウトの改善で歩行・移動が減る

4Mの質の向上でPQCDが向上する

▽生産性の向上……現品や工具を探す時間がなくなると標準時間内で作業を完了できるなど、正味作業時間比率がアップして生産性が向上する。

▽品質の向上……位置の管理による異品混入などの防止、清掃の向上による異物混入の予防、原材料を所定の条件で管理できることによる品質劣化・不良の予防などにより品質の向上が図れる。

▽コストの削減……在庫削減による運転資金の圧縮、そして金利負担の軽減、設備故障の削減による保全費用の減少などによりコスト削減が図れる。

▽納期の順守……探すムダが減ることで、日程・進捗管理が有効にでき、納期遅れが減少する。また現品の滞留状況が明確になることにより、リードタイムの短縮が実現できる。

PQCDの改善で原価要素を低減する

PQCDが向上すると、発生した問題への対策費や処置費が不要になり、労務費、材料費、経費の発生を防げ、コストダウンが達成できます。

例えば、納期遅れ対応で発生した、航空便や特別便の使用が不要になります。

5Sと利益の流れ

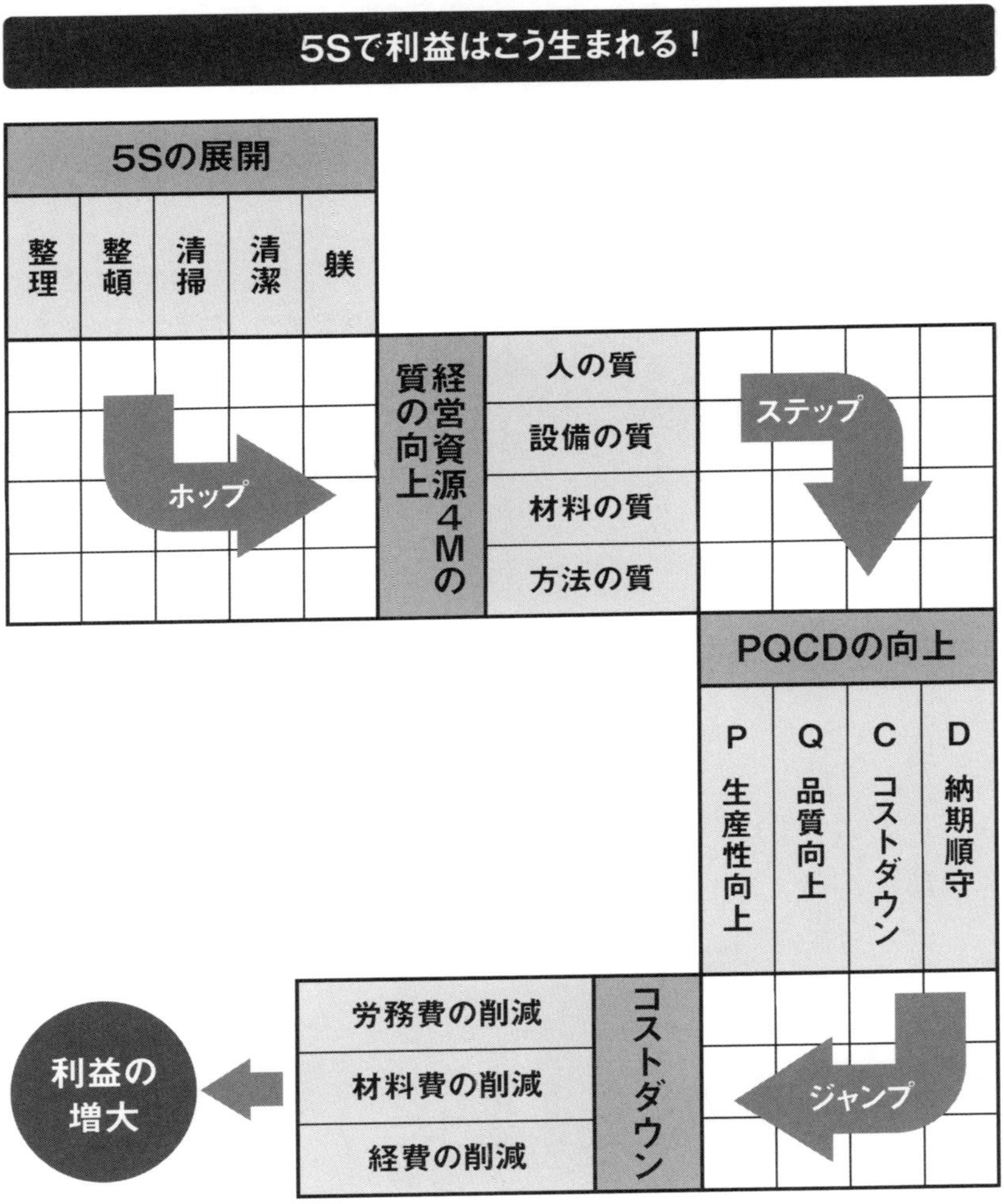
5Sで利益はこう生まれる！
5Sの展開
整理
整頓
清掃
清潔
躾
ホップ
経営資源4Mの質の向上
人の質
設備の質
材料の質
方法の質
ステップ
PQCDの向上
P 生産性向上
Q 品質向上
C コストダウン
D 納期順守
ジャンプ
コストダウン
労務費の削減
材料費の削減
経費の削減
利益の増大

SECTION 08

5Sは全員でつくり全員で守る

全員参加型の5S活動の展開

5Sの対象や活動内容は、すべての人に関連する生産活動の基盤だ。そこで全員参加型の活動で5S活動を展開することが大事になる。

5S活動は全員参加

5S活動は、改善活動（ここに生産活動も入る）のおおもとです。その目的は厳しい競争環境の中で勝ち抜く企業になることです。

その5S活動推進のあるべき姿は、全員参加での活動の展開です。全員参加での5S活動の展開で、次のような点から5Sを体質化しやすくなります。

・全員が足並みをそろえて、ひとつの方向（5Sの確立と定着化）に向かって活動ができ、活動が活性化する

・社内での協力やコミュニケーションが進む

・お互いにルールを守る働きかけができ、また相互チェックもできる

全員参加への仕掛け

5S活動が活性化せず、改善の成果が出ていない会社には、次のような考えの人が多いといえます。

「5S活動は5S委員がやっていればいい」

「5Sより仕事だ。清掃なんか派遣さんに任せておけばいい」

このような状況を打破し、全員参加型の5S活動をつくり上げていくには、次のような仕掛けを検討してください。

▽従業員にとっての5Sの効用を活動の狙いとして挙げる

5S活動は会社（仕事）に必要なだけではなく、次の点で従業員一人ひとりの生活に貢献することをアピールし、理解を促すようにする。

「5Sは快適で、安全で、誇れる会社をつくる」

▽5S一斉活動時間の設定

全員での清掃時間や5Sメンテ時間（区画線、表示などの補修メンテなど）を設定して、全員で活動する。

▽人事考課ともリンクさせる

5Sを会社の中できちんと位置づけるために、人事考課に次のような考課項目を加える。これにより会社の姿勢を一人ひとりが認識し、5S活動への参加を促すことができる。

・日常作業で5Sルールをきちんと順守しているか

・5S活動への協力や参加状況はよいか

全員参加型の５Ｓの展開

従業員1人ひとりにとって大切な5S

私の職場

快適な職場　1日の生活時間のうちの半分を会社で過ごしています。この時間を家庭と同様に快適に過ごしましょう

安全な職場　「ケガと弁当、自分持ち」。ケガをしたら自分の損（会社も損）、安心して働ける職場をつくりましょう

誇れる職場　すばらしい会社とほめられ、また自慢できる会社にしましょう。「よい会社で働いているね」といわれるとうれしいものです

5S活動の全員参加が実現すると……

- 5S活動が楽しくなる
- 助け合いの気持ちと行動になる
- 職場のコミュニケーションがよくなる

全員参加の5S活動

- 楽しく ▶▶▶
- 助け合いの気持ちと行動 ▶▶▶
- コミュニケーションの向上 ▶▶▶
- 5Sルールを守る ▶▶▶

- 品質が高い
- やりがいがある
- 効率が高い

▶▶ いい仕事

COLUMN 01

５Sは日本のモノづくりのDNA

モノづくりの歴史は、その国の文化や国民性を映す鏡といえるのではないでしょうか。

欧米など工業先進国では、モノづくりの改善の取り組みは、100年以上前より「管理システム」と「物的システム」の２つの面から行なわれてきました。

一方、日本のモノづくりの歴史を見ると、このようなシステム的な面からの改善・改革のアプローチとは異なり、作業性や品質の向上の視点から、もっと泥臭い、作業環境の整備の重要性が認識され、改善活動が取り組まれてきました。そのひとつが「５S活動」です。

５Sは、定かではありませんが、昭和30年代前半ごろ、日本経済が高度成長時代を迎えようとしているころに、トヨタグループの日本電装やアイシン精機で３S（整理・整頓・清掃活動）として始まったようです。この３Sの生産改善への効果が認められ、日本中の製造業に広がっていく中で、さまざまな工夫が織り込まれ、５Sとして定着してきました。

しかし５S活動そのものは、このときに突如として出てきたものではないようです。第２次大戦中の、大砲や鉄砲の玉を加工していた軍需工場のニュース映画を観ていたときに、もうもうと油煙が立ち込める工場の壁に「整理・整頓」の掲示があるのを見かけました。

この時代の「整理・整頓」は、「ガンバロー」と同じような単なるスローガンで、改善活動としての定義や目標、技法などは確立していなかったようですが、モノづくりの現場では「整理・整頓」が心構えとして大切だという認識は高かったようです。

さらに遡ると、モノづくりは伝統的に職人さんの世界で行なわれてきましたが、モノづくりの作業環境の整備の重要性は「段取り八分」という言葉に凝縮され、モノづくりの基本として脈々と受け継がれてきました。

日本にはこのようなモノづくりの文化があります。これからもこのような視点を大切にしていきたいものです。

５S活動を
導入するための基本

SECTION 09 効果的な取り組みは全社活動から

全社活動としての5Sへの取り組み方

5Sは1人ひとりの担当者が、それぞれの職場で努力することがベースだが、全社5S活動としての運動化が大切だ。

5S活動は成り行きや思いつきで推進しても、よい成果を得ることはできません。5S活動を成功させるには、次の点をきちんと押さえて計画的に進めることが大切です。

・全社活動として、すべての職場が足並みをそろえて展開する
・整理・整頓・清掃などに関する5Sの活動ルールを明確にする（53項参照）
・5Sの定着化を常に考えた活動を具体的に展開する（8章参照）

全社活動として5Sを展開する

5Sを全社活動として展開することにより、次のような効果が期待できます。

・経営者の5Sへの思いを全員が共有化でき、活動に力が入る
・全社的取り組みという位置づけで、全職場が足並みをそろえて進められる
・職場間の5Sのレベル格差が小さくなり、また職場の推進ノウハウを共有化でき、全社的にも5Sレベルが高まる

全社活動として5Sを展開するには、5Sの推進体制として、「5S委員会」などを設置します（10項参照）。

運動化は誰が推進するのか？

5S活動に限らず、もろもろの改善活動の端緒は誰が切ればよいのでしょうか。

社内の作業や業務に関して問題意識が高い担当者が、自らの担当領域で改善を始めることも貴重な改善の芽です。この芽が周囲に自然に広がることも、または上長にその必要性を伝え、会社や職場全体で改善活動が広がることもあるでしょう。しかし改善活動をスタートさせるのは、本来は**管理監督者の任務**です。

管理監督者は改善の運動化、改善の推進、改善の維持・定着化を自らの重要な任務として捉え、改善活動を進めていくことが求められます。

事務所を含めての5S

改善活動を製造部門だけが取り組んでいて、総務や営業などの事務部門を除いているケースを見受けますが、全部門参加型で運動を展開することが大切です。これにより、

・事務作業の効率化ができる
・製造部門の5Sも全社活動で力が入る

といった効果が期待できます。

5 S活動は全社活動

5S改善活動の展開

運動化	● 目的、目標の明確化と達成への意思表明 ● 5Sへの取り組み体制づくり ● 5Sの大日程の設定
推進	● リーダーシップの発揮 ● 部下への動機づけ ● 5S活動の進度管理
維持	● 5S活動結果の定着化管理 ● 継続的5S運動化の推進

全部門参加で運動を盛り上げよう

SECTION 10

効果的な改善推進の柱となる体制とは

5Sの推進組織をつくる

全社的に5Sを進めるには、推進するための組織が欠かせない。この組織体制が全社的な取り組み方法や目標、日程の設定などを明確にして5S活動を推進する。

5S活動の推進母体の設置

全社活動として5Sを展開するには、まず5Sの推進組織として、**「5S委員会」**などの組織を設置するとよいでしょう。

企業の規模や組織形態によって推進組織の構成は異なりますが、通常は工場ごとに5S委員会を設置し、委員長を決めます。5S委員長には工場長などのトップが就き、組織の活動をリーダーシップを持って運営できるようにします。

5S委員長の下には、通常、各部門の管理者を委員として配置します。

5S委員の下に、5S活動の実行部隊長として、5Sリーダーを決めます。

規模が小さい組織では、5S委員と5Sリーダーは兼任してもよいでしょう。

そして、5S委員会の活動がスムーズに展開できるように、事務局を設けるとよいでしょう。事務局のメンバーは現場に近く、リーダーシップがある、5Sへの思いの強い監督職から選ぶとよいでしょう。事務局は、いわば縁の下の力持ち的な存在です。各組織はそれぞれ以下のような活動を行ないます。

各組織の役割

▽5S委員の役割

・5S活動の方針設定
・5S活動の推進大日程計画の策定
・5S活動の推進方策の検討
　……全社ルール（統一表示板の設定など）の検討
　……5Sコンクールの運営ルール設定　など
・5S実施状況のチェックと改善促進

▽事務局の役割

・全体活動の円滑な推進の促進や調整
・全社の5S基準やルール作成の推進
・5S整備のための実作業の準備
・5Sの定点撮影や職場巡回指導
・教育計画の作成と展開
・委員会の開催準備　など

▽5Sリーダーの役割

・5S推進大日程計画を具体的に進める「整理・整頓」などの実行計画の作成
・実行計画の進捗管理
・自職場の基準やルールの設定
・5S道具づくり、実施作業の指揮
・5Sルールの順守のチェックと指導

5Sの推進組織をつくる

「5S委員会」組織の例

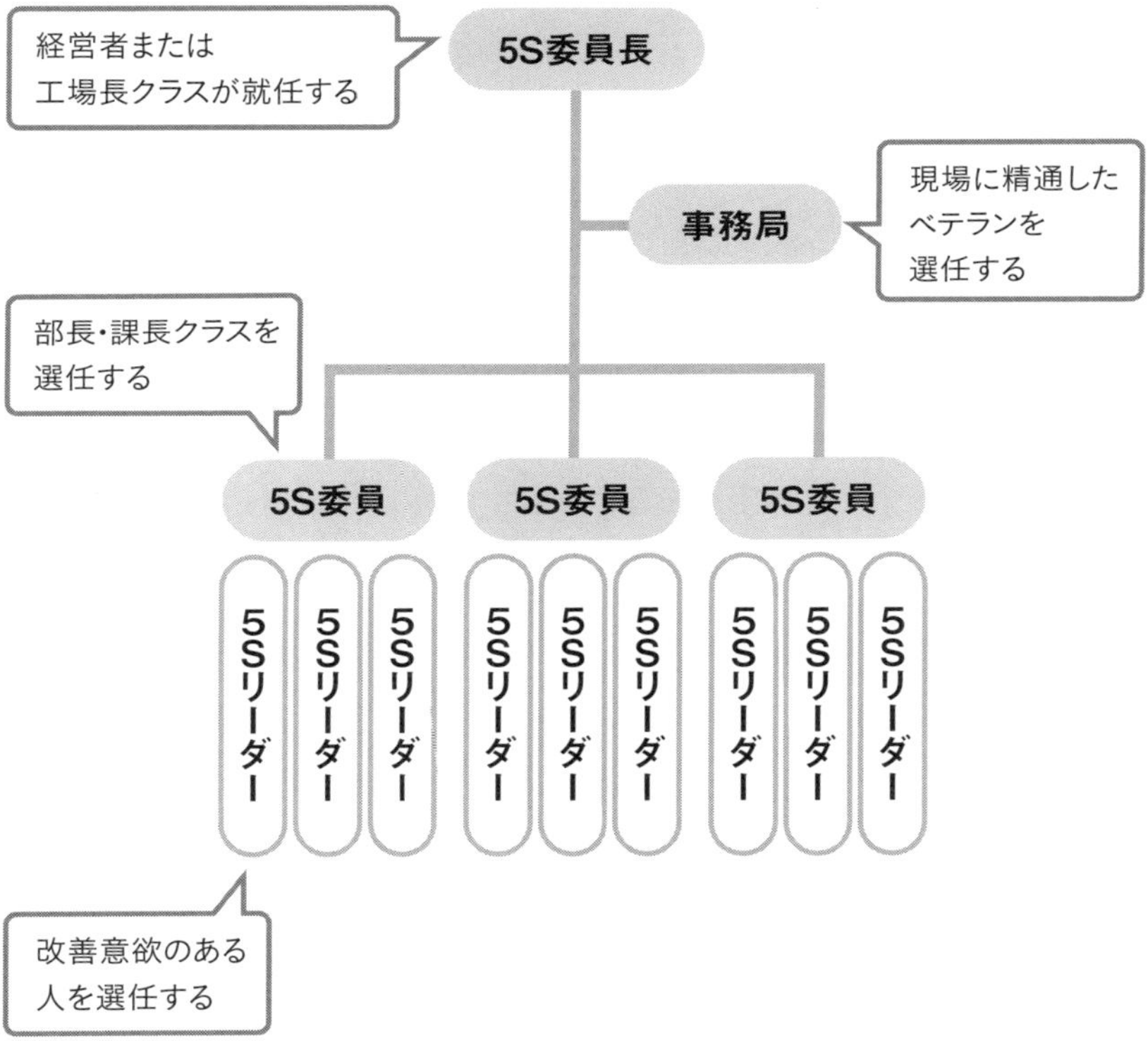

- 組織が小さい場合は、5S委員は5Sリーダーを兼任する
- 複数の拠点（工場）がある場合は、拠点ごとに工場5S委員会を設置し、全社の5S委員会をその上位に設置して運営するとよい
- 安全衛生委員会と5S委員会を合体してもよい

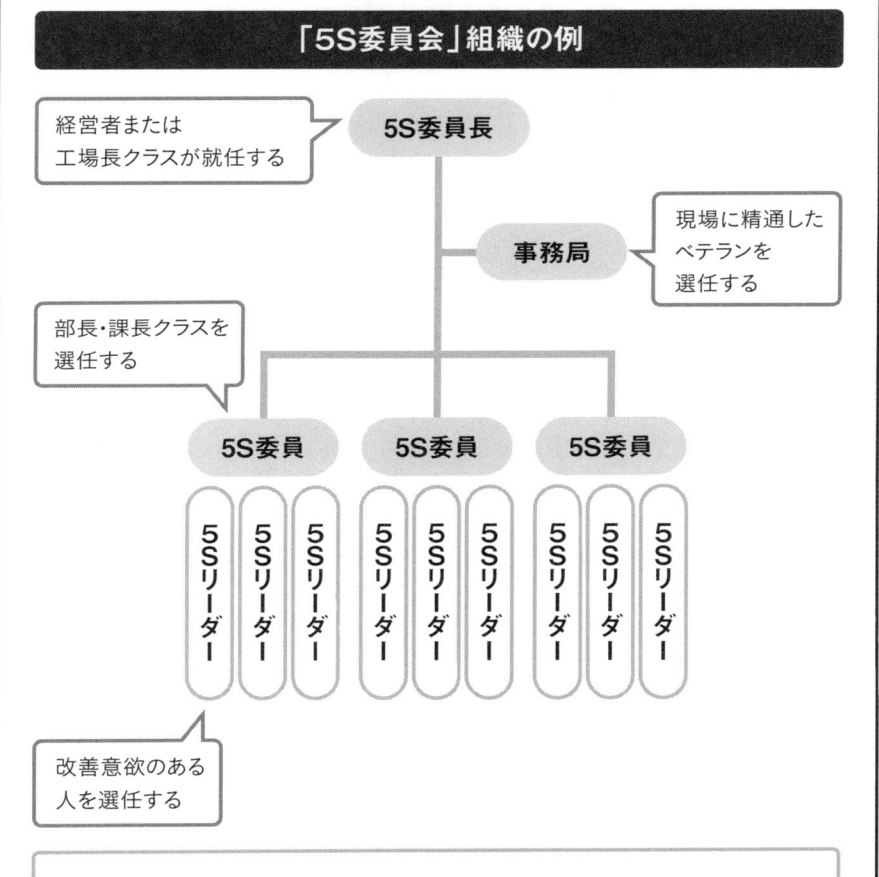

SECTION 11

5S活動導入のストーリーづくり

5S活動の導入プログラム

5S活動を効率的に導入するには、活動の推進準備や「整理・整頓」などの展開の進め方をきちんと計画することが大切だ。

5S活動で高い成果を得るには、周到な計画とぬかりのない準備が必要です。

そのためには現場（各部門）の具体的な活動（整理・整頓など）に先立って、準備計画と現場での5S活動展開計画を設定する必要があります。

5S活動の準備計画

5S委員会が中心となって、次のような事項について計画を立てます。

・5S活動組織体制の検討
・5S委員の選定と任命
・5Sリーダーの選定と任命
・5S推進区の設定
・5Sの定義の設定
・5Sの標語やポスターの募集
・全社基準やルールの設定
・5Sのチェック方法の設定
・5Sチェックリストの作成
・5Sボードの設置
・表示づくりなどの準備（材料・用品等）
・5S教育資料の作成
・「整理・整頓・清掃・清潔」の各推進ステップと概略の推進計画
・5Sのキックオフ大会
・5Sの実施教育

整理・整頓・清掃・清潔の推進順序

整理・整頓・清掃・清潔・躾の具体的活動では、一般的には「整理活動」から開始します。この整理に引き続いて、整頓→清掃へと展開します。

職場の清掃レベルが低い場合には、整理・整頓がやりやすいように、また設備保全重視の狙いで、清掃から始めるのもよいでしょう。

5Sの展開計画

5S展開計画では、次の点を明確化します。

・整理・整頓・清掃の各活動を実施する場合に必要な、各職場ごとの基準やルールの項目や進め方
・整理・整頓・清掃を実施するための、道具や資器材、場所の準備や確保
・整理・整頓・清掃の各活動の実施手順に関する計画として、「整理」に関しての実施項目（18項参照）、「整頓」に関しての実施項目（27項、29項参照）、「清掃」の実施項目（42項参照）を個別に設定し、日程も決める

5 S活動の導入プログラム

5S活動の流れ

活動前の準備
- 5S活動組織の確立
- キックオフ大会（社内の盛り上げ）

整理
- 基準づくり
- 整理の実施

整頓
- 基準づくり
- 整頓の実施

清掃
- 清掃ルールの作成
- 清掃の実施

定着・発展
- 3Sのレベルアップを推進（改善、改良）
- 活性化の仕組みづくり

清潔
- 汚染源対策の実施
- 安全衛生面のレベルアップ

躾
- ルールを守る意識を高める
また、守らせるリーダーを養成する

5S活動推進プログラムの例

5S活動導入推進プログラム					年　月　日
実施項目		4月	5月	6月	7月
推進体制	● 5S委員会の設立	→			
	● 5S区割りとレイアウト図の作成	→			
	● 5Sリーダーの選任と掲示	→			
キックオフ	● キックオフ大会	●			
	● スローガン・ポスターの掲示	→	→		
	● バッジ手配・配布	→	→	→	
整理の推進		→	→	→	
整頓の推進			→	→	→
清掃の推進				→	→

SECTION 12 誰がどこを担当するのか

5S推進区を設定する

5Sはモノや場所に関連する活動といえる。誰がどこを担当するのかを明確にして進めると、効果的な全社活動につながる。

5S活動はモノや場所を直接の対象として整理・整頓などの活動を展開します。したがって活動を推進する際には、5S推進体制の活動組織ごとに、その組織が担当するエリアを明確にして、それを担当推進区として設定します。

推進区設定の進め方

推進区は5S活動を展開するときに、各推進組織の活動の負荷に極力偏りがなく公平になるように、次のような点を配慮して設定します。

・推進区を担当する組織ごとの人数、面積などを考慮し、平均化を図る

・5S対象物（設備、仕掛品、工具など）の種類・数量等を考慮して設定する

・担当する組織が作業や業務を行なう場所に、異なる職場が管理するモノが保管してある場合は、原則としてモノを管理する部署がその部分を担当する

・建屋内の共用部分（通路、階段、会議室、書庫、応接室、食堂、トイレ、休憩室など）も区割りする

・構内にある通路、資材置き場、駐車場などの外回りも区割りする

推進区設定のポイント

・すべての場所を推進区に割り付けて、空白地帯がないようにする

・ひとつの職場で、ひとつの推進区を担当するのが望ましい

・しかし、その職場の人数が多い場合は、推進区を、業務や作業内容に応じて適宜分割する

・ひとつの推進区のメンバーは、7～8人以下が望ましい

・共用部分は、その場所の使用頻度が高い部署、その場所についてよく知っている部署、その場所に近い部署（近接性）、推進区でメンバー数が多い職場などを勘案して設定するとよい

推進区マップ図の掲示

5S推進区の区割りの設定ができたら、これをマップにして、各職場の5Sボードなどに掲示します。

このマップには、5S委員、5Sリーダーの名前を記入した5S推進組織図も記載し、推進区マップと合わせて、5S推進の責任者を明確にします。

５Ｓの推進区を設定する

5S推進区の例

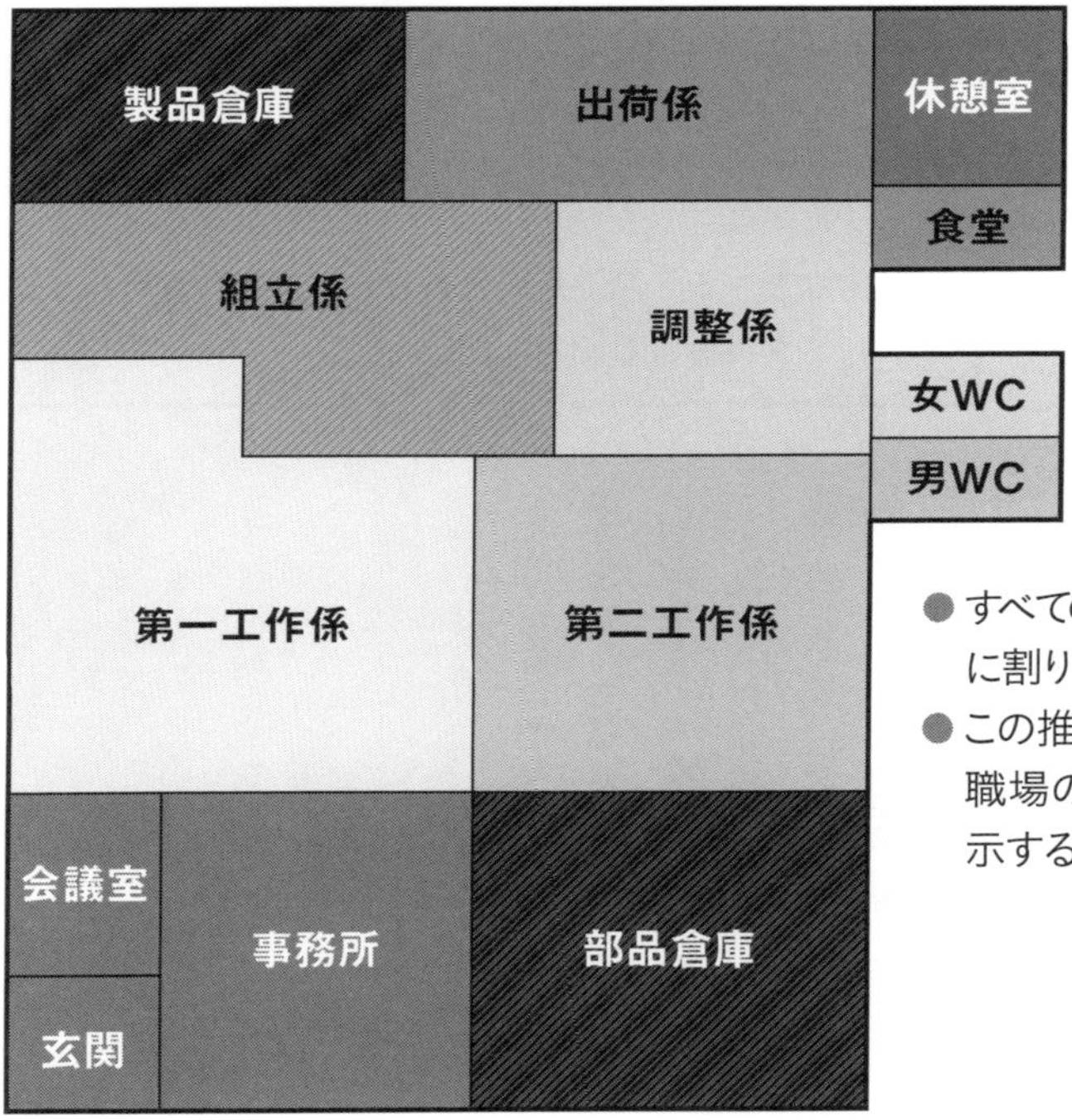

- すべての場所を推進区に割り付ける
- この推進区マップを各職場の5Sボードに掲示する

推進エリア	5S委員	5Sリーダー	サブリーダー
	鈴木	山田	斎藤
	石川	吉田	田中
	林	井上	木村

SECTION 13 活動の元は全員の意識だ

5S意識を高める

5S活動では、1人ひとりが5Sの大切さを認識すること、すなわち5S意識を高めることにより、確実な5S行動につなげることが大切だ。

5S意識とは何だろう?

5S意識（マインド）とは、
「5S活動の生産活動に対する重要性を認識し、5Sの基準やルールをキチンと守って作業や業務を行なおうという気持ちを持つこと」
といえるでしょう。

5Sをつくるのは「人」、5Sを活かすのも「人」、5Sを壊すのも「人」といえます。

5S活動を成功させるためには、まず5Sのルールをつくる人、5Sのルールを運用する人の5S意識を高め、そして5S活動を、全員参加の全社活動に高めることが大切です。

5S意識の高揚策

▽横断幕などで5S宣言

5Sを全員参加の全社活動として盛り上げるためには、工場の建屋の壁や玄関などに「5S活動実施中」「5S活動で再生中」と書いた垂れ幕や横断幕などを掲げるのも効果的です。

こうして社内外に5S活動を実施中であることを宣言することによって、後に引けない状況をつくることができます。

▽標語・ポスターの掲示

標語（活動の狙いなどを簡潔に表わした語句や短文）やポスターを社内の各所に掲示するのも、5S意識を高めるのに効果的です。

5Sの標語やポスターは、社内で公募し、全員に5Sについて考えてもらうことが大切です。

応募された作品は、「5S活動を鼓舞するもの」「5S活動を応援してくれるもの」といった視点で5S委員会などで審査し、優秀作を選びましょう。賞金も準備すると応募意欲が高まります。

そして、優秀作品はキックオフ大会で表彰します。

こうしたポスターや標語は、社内各所の目立つところに掲示します。これらはときどき入れ替え、リフレッシュするとよいでしょう。

また標語は、朝礼や5Sミーティングで唱和するようにします。全員の5Sのベクトルも明確になり、5S意識（マインド）も高まります。

5Sマインドを高める

横断幕で5S活動を盛り上げよう

5S活動展開中▶整理・整頓・清掃・清潔・躾
5Sで品質向上、5Sで生産性向上を目指そう

標語・ポスターの募集・掲示で5S意識を高める

標語

- 5Sでつくろう、安全・快適・誇れる職場
- 自分の職場は自分で改善、みんなでつくろう5S工場

ポスター

みんなで一緒に
5S活動をしよう!
5S

SECTION 14 5S活動を活発化させる

5S活動を「見える化」する

「目標に向かってPDCAを回していくこと」。5Sは改善活動だ。展開の仕方（方策）を明確にし、全社活動としての柱をつくることが大切。

5Sボードを設置する

5S活動を全社活動として活性化させるには、次のような5Sの情報を共有化、「見える化」すると効果的です。

・5S活動のPDCAの情報
・5Sの実施内容や実施方法の情報

職場内の内部コミュニケーションを高め、5S活動を活性化するために、各推進区に情報共有化のための管理ボードとして「5Sボード」を設置します。

5Sボードでは、次のような点がわかる情報を掲示します。

・5Sの定義
・5S推進組織図、区割りマップ
・各推進区の5S活動の計画
・5S活動の進捗状況、問題点
・5Sの基準やルール、決めごと
・5Sの点検結果や改善点

5Sボードの活用ポイント

5Sボードを職場の中でコミュニケーションツールとして活用するには、次の点に配慮します。

・5Sボードを職場の中心に設置して、朝礼や5Sミーティングなどは、この前に集まって行なう
・掲示する内容は社内的に標準化する
・掲示物を見やすくするために密集して掲示しない
・掲示物は掲示期限を明示して、内容が陳腐化しないようにする

5Sマニュアルの作成

5Sの基準やルール、推進方法などについてまとめた「5Sマニュアル」を作成します。

5Sマニュアルは全社版と各職場版の2種類を作成するとよいでしょう。

▽**「全社版」**は、5S委員や5Sリーダーなどの5S推進サイド用のマニュアルとして作成します。

この中では、5S活動の目的、推進組織の体制、5S年間活動の進め方や計画、全社共通の5S基準やルール、5S点検の進め方、活動に使用する様式類などを取りまとめます。

▽**「職場版」**は、各職場の5Sリーダーが5S運営の際の基準書として、また新入社員、異動社員への教育用のテキストとして活用します。

5S活動を「見える化」する方法

5Sボードによる改善のコミュニケーション

5Sボード

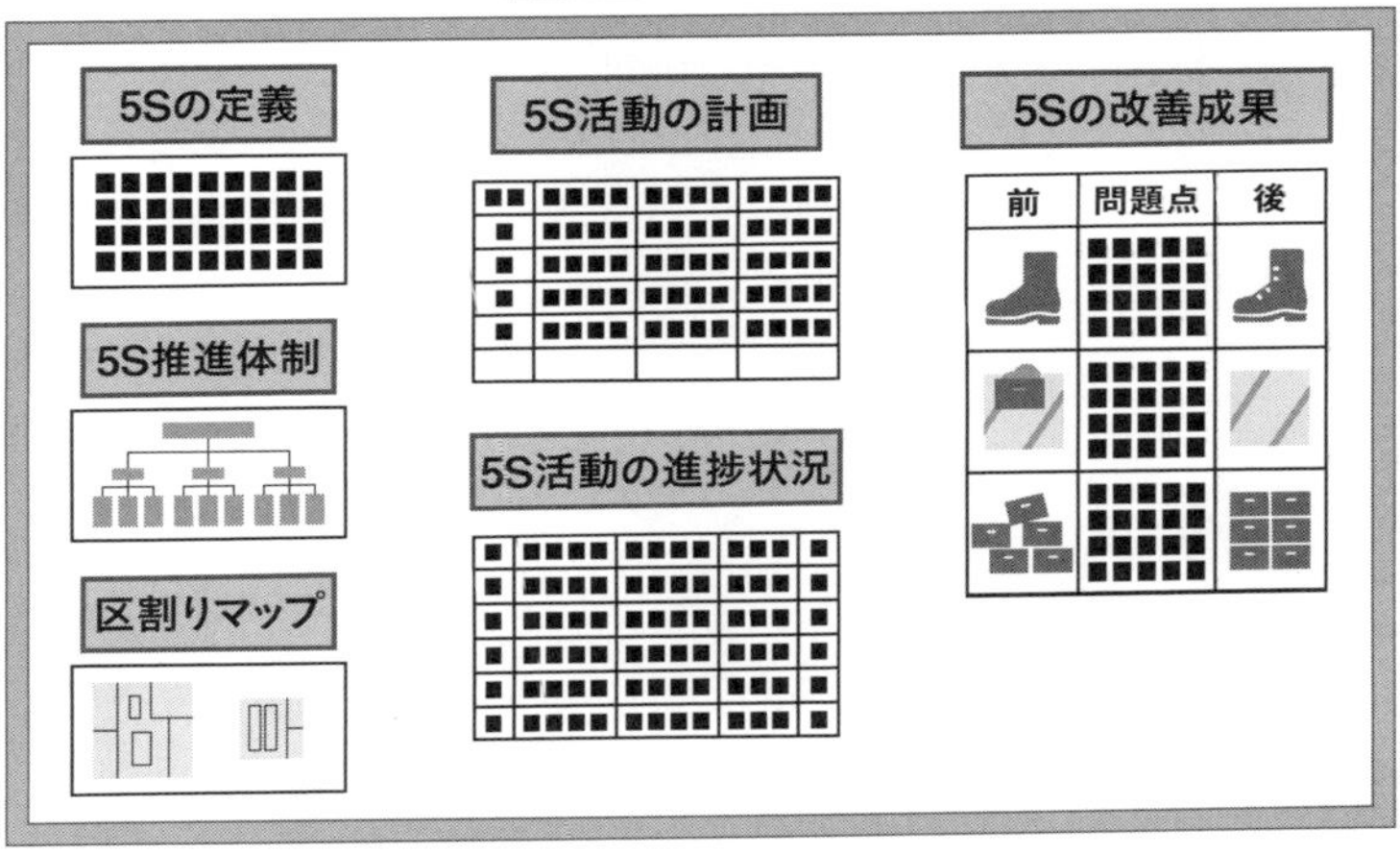

5Sマニュアルの目次例

1. 5S活動の目的
2. 5Sの推進組織
3. 5S推進区の設定
4. 5S委員会の役割と運営
5. 5Sの点検方法とチェックリスト
6. 5S活動年間計画
7. 5S活動月度計画の作成・運営方法
8. 「私の5S」の進め方
9. 5Sコンクールの進め方
10. 5Sで用いる様式
11. 5Sルール　　など

SECTION 15 チェックなくして成果なし

5Sの点検体制をつくる

「点検なくして向上なし」。5S活動の着実な導入や5Sの確実な向上のためには、目標や計画に対しての現状把握が欠かせない。

5S点検の目的

5S点検は、現場での5S活動の実施状況や5Sの有効性などを確認し、5Sルールや5Sのあるべき姿から見て評価します。

違反または未達の状況があれば、これを問題として指摘して、その問題点の改善につなげます。

5Sの点検体制

5S点検では点検チェックリストを用いて、現場の5Sの完成度合、問題点等を点検します。点検（パトロール）は、次のようないろいろな角度や視点からチェックするのが効果的です。

・**自主点検**……各担当者が自らの推進区を点検し、問題点を抽出し、改善を自主的に行なう

・**リーダー点検**……5Sリーダーが、自らの推進区を点検し、5S上の問題点を抽出し、改善する

これらの実施により、職場の状況を客観的に認識でき、5Sマインドも高まり、5S改善のきっかけともなります。

・**5S委員点検**……5S委員が各推進区を点検する。計画に対する進捗状況のチェックや、整理・整頓などの基準・実施状況が適切で効果的に実現できているかどうかの点検を行ない、問題点や課題に対しては改善を指示し、確実な5Sの推進を図る

・**トップ点検**……工場長、製造部長などのトップが、各推進区の5Sの実施内容の適切性や有効性などを評価し、課題がある職場に対しては取り組み方や実施内容の見直しを指示する

・**職場間の相互点検**……他の職場を岡目八目で点検することで的確な指摘ができる。また他の職場を点検することで5Sマインドも高まり、さらには点検先の5Sの優れた点を学ぶこともできる

点検後の活動

5S点検は得点そのものよりも、問題点を摘出して、それを改善することに主眼を置きます。

そのため、点検結果を5S委員会などで検討して、改善担当者と改善期限を決め、該当職場に改善指示票を発行するとよいでしょう。

5Sのチェック体制をつくる

5SはPDCAを回して向上する

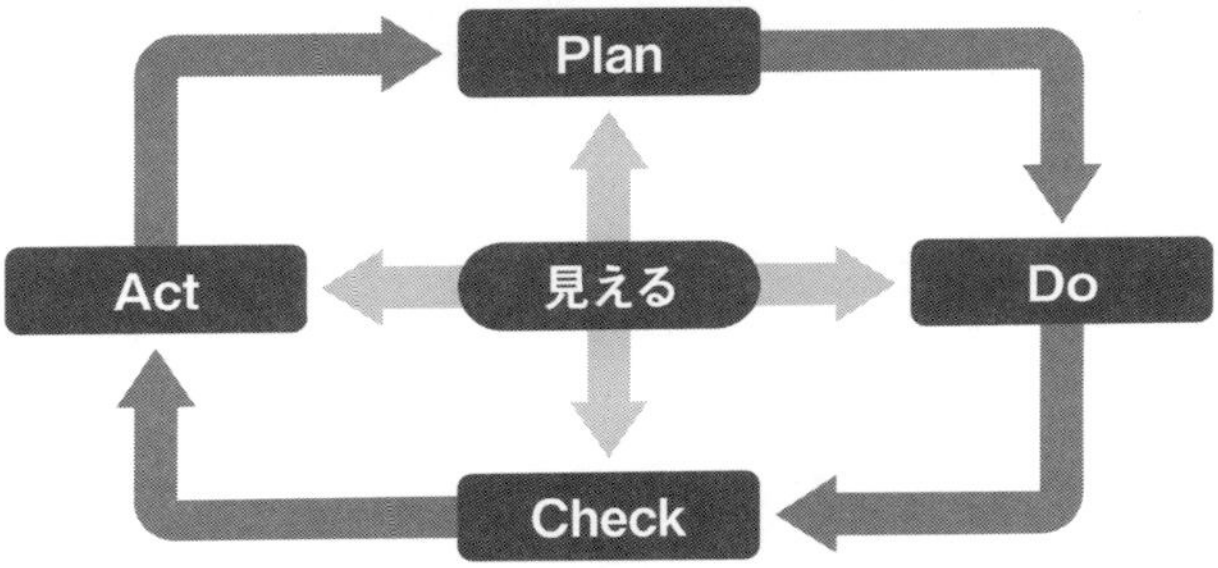

Plan	1. 年間活動目標の設定と年間5S活動計画の立案 2. 月度改善目標の設定と月度改善計画表の作成 3. 点検指摘事項の是正計画 4. コミュニケーション（委員会、ミーティングの実施） 5. PR・教育・道具の計画　など	
Do	1.整理　2.整頓　3.清掃　4.清潔　の実施	
Check	躾の実施（定着）	点検・巡回
Act	躾の実施（定着）	点検結果による問題点の是正 トップの巡回・レビュー コンクール・表彰 反省と次期の計画 など

5S改善指示票の例

5S改善指示票					
No.		日付		点検者	
職場		場所		5Sリーダー	
指摘・指示内容			改善内容		
完了日		実施者		確認者	
改善が完了したら、この指示票を5S事務局に渡してください。					

SECTION 16

チェックリストはTPOに合わせる

５Ｓチェックリストのつくり方

チェックリストは、５Ｓのレベル、それぞれの会社の製造方法、工程、設備などに応じて作成する。

５Ｓチェックリストの役割

５Ｓ活動で狙いの成果を出すには、５Ｓ活動自体がＰＤＣＡで運営されることが大切です。５ＳチェックリストはまさにこのＣ（チェック）の役割を担っています。

このような狙いを持った５Ｓチェックリストは次のような点を備えていることが必要です。

・５Ｓの一貫した点検ができるようにする。またモレと評価のバラツキを少なく５Ｓ点検ができるようにする

・具体的な表現でチェック項目を表わし、的確なチェックができるようにする

・整頓のチェック項目は、工場内にあるすべての「モノ」をカバーする

５Ｓチェックリストの用途

５Ｓチェックリストのチェック対象には、大きく分けて次の２つがあります。

▽**現場の５Ｓ状況のチェック（結果のチェック）**……５Ｓの整理・整頓・清掃などの達成水準（完成度）を点検する

このチェックは導入段階だけでなく、発展段階でも実施します。

▽**５Ｓ活動状況のチェック（プロセスのチェック）**……５Ｓ組織の活動状況、５Ｓのルールや基準の整備状況、それらの順守状況、５Ｓリーダーの活動状況などを点検する

このチェックは、主として５Ｓ活動の発展段階で行ないます。

点検基準表の作成

５Ｓ点検では、往々にして人によって評価点がばらついてしまい、評価の信頼性がゆらぎがちです。

このバラツキを少なくするには、それぞれの評価点に対する評価基準を明確にした、点検基準表を作成するとよいでしょう（左ページの例を参照）。

点検時の留意点

点検項目の場所（例えば工具置き場）が、対象エリアに複数ある場合がよくあります。こうした場合は、そのエリアの評価点は加重平均で算出します。

また工具や部品、副資材などは、置き場などで現物をサンプリングでチェックして、実際の状況をキチンと把握して評価します。

5Sチェックリストのつくり方

抜粋　5Sチェックリスト（製造現場用）

点検項目			評価 良い	やや良い	普通	やや悪い	悪い	備考
整理	1	不要・過剰な材料・部品・副資材が置かれていないか						
整理	2	不要・過剰な製品・半製品・仕掛品が置かれていないか						
整理	3	不要・過剰な型・治具・工具が置かれていないか						
整頓	6	材料・部品は表示してきちんと置かれているか（表示：場所表示・位置表示・品目表示、きちんと：平行・直角）						
整頓	7	製品・半製品・仕掛品は表示してきちんと置かれているか（表示：場所表示・位置表示・品目表示、きちんと：平行・直角）						
整頓	8	型・治具・工具・測定具は表示してきちんと置かれているか（表示：場所表示・位置表示・品目表示、きちんと：平行・直角）						
整頓	9	段ボール・その他副資材は表示してきちんと置かれているか（表示：場所表示・位置表示・品目表示、きちんと：平行・直角）						
整頓	10	不良品・手直品・廃棄品は表示してきちんと置かれているか（表示：場所表示・位置表示・品目表示、きちんと：平行・直角）						

5S点検基準表の例

点検項目		判定	判定基準
整理	●治具 ●工具 ●測定具 など	大変良い	不要品基準・手持ち基準は最新の状態で、これに従い不要品は職場内にまったくない
		普　通	不要品基準・手持ち基準に従い、不要品は区別・表示して職場の隅に置いてある
		大変悪い	不要品基準・手持ち基準はなく、不要品と必要品の判別なく混在して置かれているものが目につく
	●材料 ●部品 ●仕掛品 など	大変良い	不要品基準による不要品や、また旧型品、廃番品などは作業域にまったくない
		普　通	不要品基準による不要品や、旧型品、廃番品は区分・表示して隅に置いてある
		大変悪い	不要品基準はなく、不要品と必要品の判別なく、旧型品、廃番品なども現行品と混在して置いてある
整頓	不良品	大変良い	不良品箱があり、そこにきちんと置いている。また不良品処置ルールにより適切に処理されている
		普　通	不良品箱などはあるが、きちんと置いていない。また不良品処置ルールにより適切に処理していない
		大変悪い	所定の不良品置き場、不良品箱がなく、適当に置かれ、かつ処理されている
	●材料 ●部品 ●仕掛品 など	大変良い	在庫保有基準の量に、全品目が維持されている
		普　通	在庫保有基準を、かなりオーバーするものが目につく
		大変悪い	在庫保有基準がなく、かつ各段階の現品が非常に多い

COLUMN 02

段取り八分と5S

仕事では「ムダを出さないぞ、ミスをしないぞ」という思いや覚悟で取り組むことが大切です。そのためには仕事を始める段階から、ムダやミスを発生させないような準備をすることが必要です。それが仕事の段取りです。

この「段取り」という言葉は、もともとは江戸時代に歌舞伎の世界で、芝居の筋の展開や組み立ての仕方を指していたそうですが、今では、さまざまな分野でものごとを行なう順序や手順、準備のことを指す言葉として使われています。

昔から職人さんの世界では、「仕事は段取りが八分だ」といわれてきました。その意味するところは、段取りをきちんとやれば、目指す納期や出来高は80%確実になったようなもの、出来映え（品質）も80%は段取りで決まる、ということです。

作業上のムダやミスを生じないためには、適切な道具類や材料の取りそろえ、配置、準備（刃物の事前研磨など）、作業域の清掃、今回の作業に使用しない道具類や材料の撤去などを行なうことが必要です。

「段取り八分」とは、まさに日本の職人さんの几帳面さ、仕事へのひたむきな取り組み姿勢を表わしている言葉といえるでしょう。

このように仕事の計画・準備段階がすなわち段取りであり、段取りの役割は「いい作業」を演出することです。

段取りがきちんとできていないと、上記のような品質、納期、生産性の問題以外にも、次のような問題が生じます。

・準備が不十分で、泥縄式で作業をすることにより、手順の検討、モノの用意などが不十分になる。その結果、仕事にモレが生じたり、ムダ・ミスが多くなり、作業効率が低下する

・加工・組立などの本作業に入ってから、準備の不備が露見して、気持ちにゆとりがなくなり、全体を見た作業や、先を見た作業の進め方ができなくなる

このように段取りは、5Sの本質を表わしている言葉なのです。

5Sの第一歩。「整理」活動の進め方

SECTION 17

5Sの第一歩は整理だ

整理の目的と重要性

整理とは「要るモノと要らないモノに分け、要らないモノを処分すること」。要らないモノが現場を混乱させている。

5Sの第一歩は整理

雑多なモノが、ここかしこに雑然と無管理状態で散在している現場のようすをよく見受けます。

「雑多なモノが雑然と」とは、用途別や使用順などで、「適切に使いやすく」「必要なときにいつでも使えるように」「必要なだけの数量を保管している」という状態ができていないことです。

このような状況を改善するのが整理で、「要るモノと要らないモノに分け、要らないモノを処分すること」により、次のような成果を狙います。

✓「こんなにすっきりした広い職場だったんだ」と、5Sの成果を実感できるだけでなく、スペースの有効活用により、
・生産性の向上
・作業効率の向上
・休憩スペースへの活用
などを図れる。

✓整理不十分の状況で「整頓」をすると、不要なモノにまで表示をするようになり、ムダが出る。

✓整理不十分の状況で「清掃」をすると、不要品を避けたり、動かしたりしながら清掃しなければならず、効率が悪い。

このような理由で、5S活動の中でも優先して最初に整理を手掛けます。整理活動は、「不要品一掃運動」「大掃除作戦」「赤札作戦」などの名前をつけて、全社的に大々的に展開するとよいでしょう。

整理の狙い

不要品を放置すると、探すムダ、歩行のムダなどを日に何十回、何百回と発生させます。たとえ1回あたりのムダ時間は小さくても掛け算で発生するため、1日で見ると、ムダ時間比率が5〜6%以上になっている場合もめずらしくありません。これが**「温存するムダ」**です。

一方で、整理による処分後に「あっ、あれは必要だったんだ」と後悔することも出てきます。温存するムダを排除するために、このリスクを割り切ることも必要です。これが**「捨てるリスク」**です。

整理活動では、「温存するムダ」を排除するとともに、整理の基準やルールを明確にして、「捨てるリスク」を最小になるようにします（20項参照）。

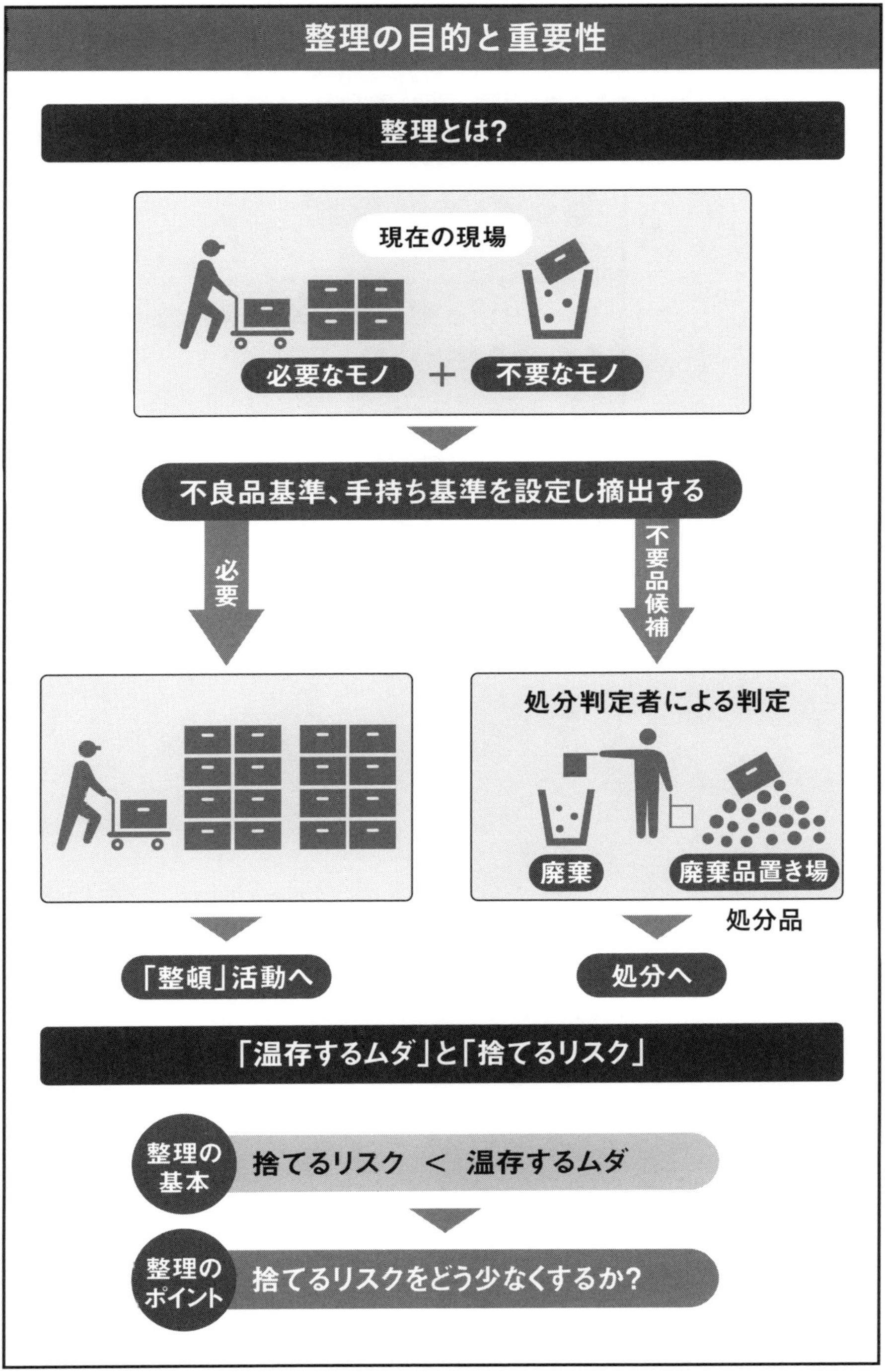
整理の目的と重要性
整理とは?
現在の現場
必要なモノ
+
不要なモノ
不良品基準、手持ち基準を設定し摘出する
必要
不要品候補
処分判定者による判定
廃棄
廃棄品置き場
処分品
「整頓」活動へ
処分へ
「温存するムダ」と「捨てるリスク」
整理の基本
捨てるリスク < 温存するムダ
整理のポイント
捨てるリスクをどう少なくするか?

SECTION 18

手順を踏んだ整理が効果を生む

整理の推進手順

整理の目的に合った効果的でムダのない整理の手順を決めて、整理活動を効率的に展開しよう。

不要品とは何だろうか

不要品とは工場内にある「材料、部品、製品、工具、刃具、治具・金型、各種副資材、書類」などのモノのうち、文字どおり「要らないモノ」です。

その「要らない」という状態の現われ方には、次のようなパターンがあります。

・使用する予定のないモノ
・使えないモノ（不良品、破損・劣化品）
・余剰にあるモノ
・陳腐化したモノ
・用途の不明なモノ

整理の手順

整理は次の手順で進めます。

①**整理の準備**……整理の準備として、次のことを設定します。

✓職場ごとに、棚、キャビネット、作業台、モノを置いてある床部分、階段下、物置き場となっている小部屋、ロッカー、机などの場所のマップを作成して、不要品処分の洗い出し場所を明確にします。

✓洗い出した整理の対象場所ごとに、摘出の担当者と摘出日程の設定をします。

✓整理基準を作成します。不要品の摘出や処分に際して、判断違いができるだけ少なくなるように、不要品基準や手持ち基準を作成します（20・21項参照）。

✓摘出した不要品を、処分するまで保管する不要品置き場を決めます。

②**不要品の摘出**……不要品基準や手持ち基準に従って、不要品に不要品ラベルを貼ったり、不要品置き場に移動します。

③**不要品のさらし**……不要品は摘出後、一定期間さらしておきます。その目的は、不要品の発生に対する反省を促すことと、他職場で引き取って活用することです（22項参照）。

④**不要品の判定**……不要品基準で定めた処分判定により、処分判定者が廃棄、転用、再格付け、売却、保管などの処分方法を決定します。

⑤**不要品の処分**……不要品は、5S委員会などで期限と担当職場などを決めて処分します。

⑥**不要品発生の再発防止対策**……不要品の発生にはそれぞれ理由（原因）があります。原因を明確にし、再発防止策を進めます（24項参照）。

整理を推進する

① 整理実施の準備	整理基準を設定、不要品の集積場所を設定する
② 不要品の摘出	整理基準に従い、不要品を摘出する
③ 不要品のさらし	・不要品が発生したことの反省 ・不要品の引き取り手を探す
④ 不要品の判定	処分判定者が処分方法を決定する
⑤ 不要品の処分	不要品を廃棄、売却、転用、再格付け、保管などにより処分する
⑥ 不要品発生の再発防止対策	なぜ不要品が発生したのか原因を調べ、再発を防ぐ

SECTION 19 幅広い整理対象をしっかり捉える

整理を効果的に推進する

不要品は人の目から隠れようとする。その住みかを追及し、もれなく補足し、処分する必要がある。

不要品の住みか

不要品は次のような場所に隠れていることが多くあります。整理を進めるときには、このような場所を重点的にチェックして見逃さないようにします。

・建屋の隅、壁際、窓枠の上、中二階、階段の下、会議室や食堂などの共用部分、小部屋、細い通路など
・棚やキャビネット・ロッカーなどの収容具の上、引き出しや扉の中、プラケース・段ボールの中など
・設備や装置の上、裏、下、奥など
・建屋外構や外回りのプレハブ小屋、建屋の壁際、敷地境界部分など

整理の進め方のポイント

5S活動の導入開始時点や5S活動の再スタート時では、「不要品一掃運動」「大掃除作戦」「赤札作戦」などの名前をつけて、全社的に大々的に展開すると効果的です。

このような不要品一斉運動により5S活動を勢いづけ、また全員で実施するのだという機運を盛り上げます。

整理は全社的に一斉に全部門参加で、かつ職場の全員で協力して行なうようにします。

整理推進の準備として整理基準を設定しますが、この基準は全社基準として、5S委員会などで決めるようにします。この基準しだいで、整理によるモノの削減の達成度が左右されるので、できるだけ厳しく設定します。

不要品摘出と処分活動を展開するときには、在庫量や保有量の削減目標を、次のようにモノの類別ごとに設定して、各職場で展開するとよいでしょう。

・材料・部品……40％
・仕掛品、製品……20％ など

不要品の摘出時や処分時には、必要に応じ「不要品リスト」「廃棄品リスト」などに記録を残しておきます。

とくに資産計上しているモノ（高額な金型など）は、資産処理も忘れずに行なうようにします。

不要品はどうしても溜まりがちなので、整理活動は「年間5S活動計画表」などの中に計画として組み込み、定期的に行なうようにします。

整理を効果的に進めるポイント

もれなく徹底的に不要品候補を洗い出そう

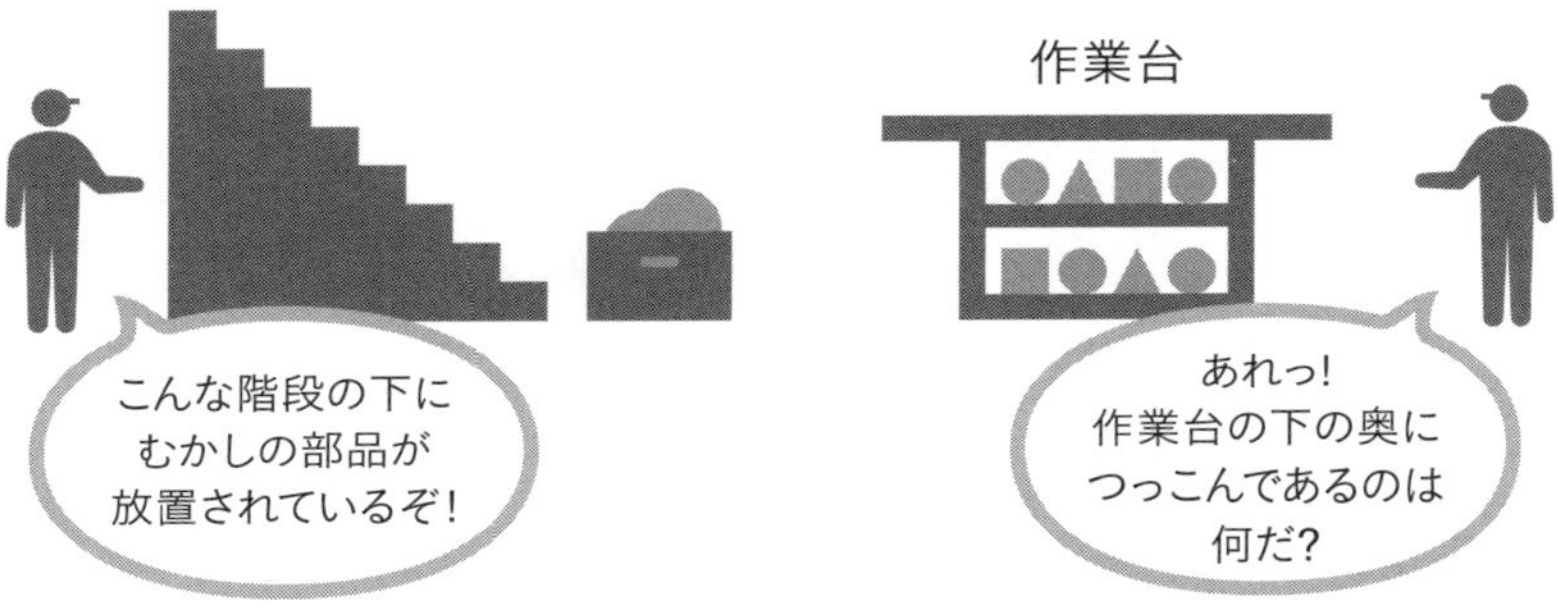
作業台
こんな階段の下に
むかしの部品が
放置されているぞ！
あれっ！
作業台の下の奥に
つっこんであるのは
何だ？

整理担当と期限を見える化して進めよう

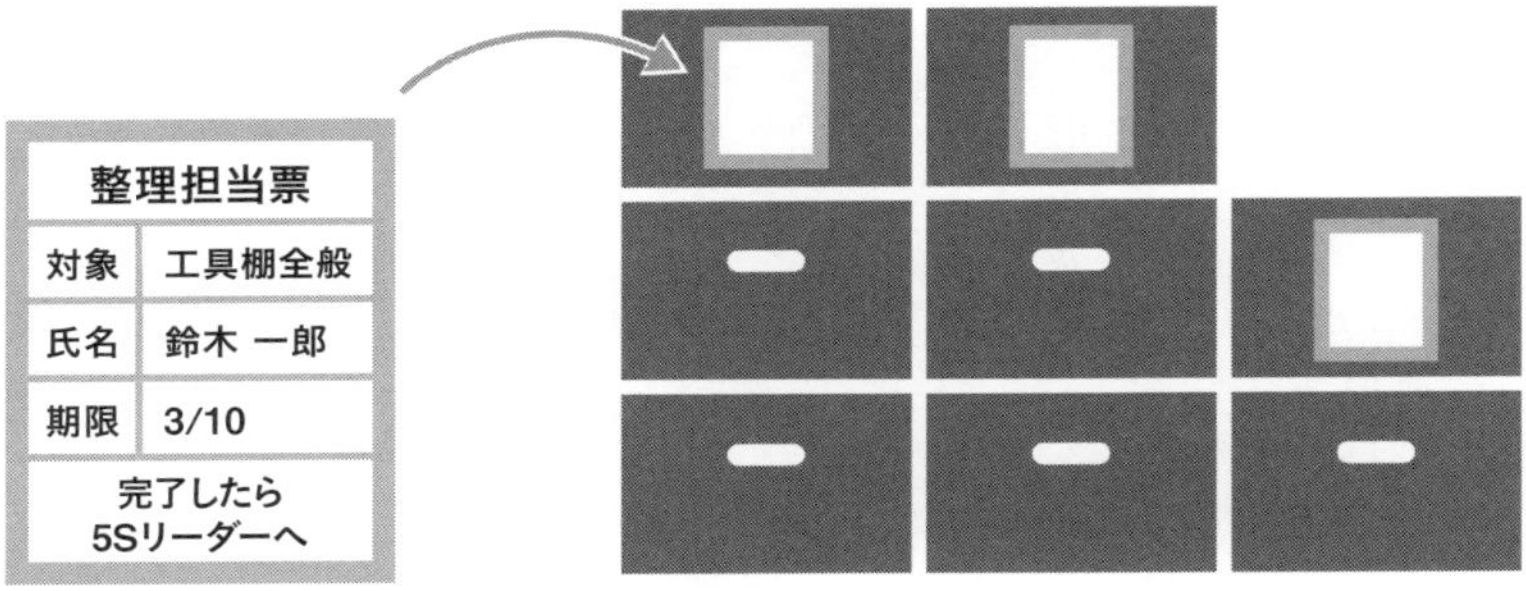
整理担当票
対象　工具棚全般
氏名　鈴木 一郎
期限　3/10
完了したら
5Sリーダーへ

判断に迷うものには迷い札を貼る

現場では整理基準に合わず、判断に悩む場合も出てくる。そのようなモノは迷い札を貼って上司の指示をもらう

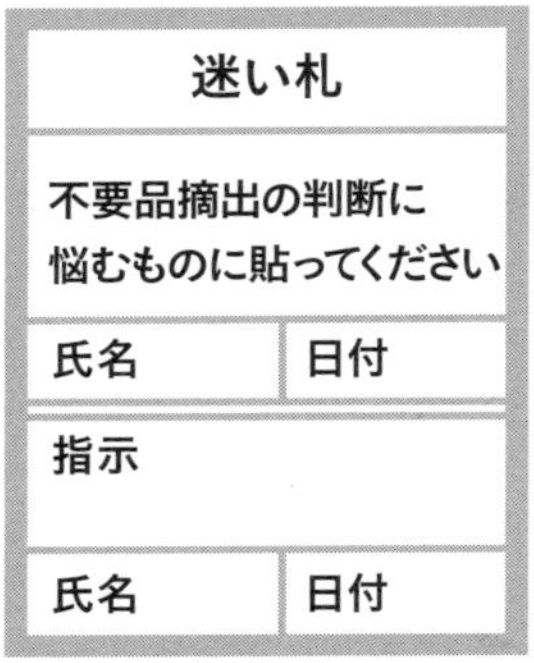
迷い札
不要品摘出の判断に
悩むものに貼ってください
氏名　日付
指示
氏名　日付

SECTION 20

必要にして十分なモノの持ち方を追求する

不要品の基準を明確にする

不要品を不要品として捕捉するには、誰にでも明確にわかる基準が必要だ。

整理基準の役割

不要品処分のための第一歩は、各担当者による不要品の摘出です。現場にはモノが非常に多くあるので、不要品摘出作業は通常、各担当者が行ないます。

不要品摘出作業用に、整理基準を決めます。

この基準は「不要品の候補」を洗い出すリストです。これは、担当者が不要品の最終決定の任を負わされると、責任が重くなり不要品が出てこないという事態になってしまうためです。

摘出した「不要品の候補」に対し、廃棄などの最終判断を行なう責任者（職制）を設定します。

責任者はモノの価値、金額、廃棄による影響、今後の受注動向、また仕事の内容などを勘案して処分の判断をします。

整理基準の種類

前記の整理基準は、「不要なモノ」と「必要なモノ」に分ける基準です。この整理基準としては、①不要品基準と②手持ち基準（21項参照）の2つがあります。

不要品基準の尺度とは

不要品基準は要らないモノ（使用する予定のないモノ、使えないモノ、余剰にあるモノ、陳腐化したモノ）の基準です。

判定する基準としての尺度は、通常は対象品ごと設定する「未使用期間」とします。

未使用期間を設定する際には、「これ以上保管していても、使用する場面があるだろうか？」と問いかけて、過去の実績を参考に、厳しめに設定します。職場にある現物で、この未使用期間以上になっているモノを、不要品の候補として判断します。

不要品の最終決定は、モノごとにその特質によって判定者を設定しますが、できるだけ判断ミスを防ぐために、次の例のように、一次判定者、二次判定者と二段階に設定するとよいでしょう。

・金型……一次判定者：製造課長。二次判定者：工場長（選定の理由……生販会議で、受注動向に関する情報を持っている）

・作業工具……一次判定者：班長。二次判定者：製造係長（選定の理由……現場の作業状況について熟知している）

整理基準を明確にする

整理基準の種類

整理基準 次の2つの基準で、必要にして十分なモノの持ち方を決める

- **不要品基準** → 要らないモノの基準
- **手持ち基準** → 必要なモノの基準
  - 工程別・作業者別手持ち基準
  - 職場別手持ち基準

不要品基準の例

対象品	不要品基準（未使用期間:月）	処分判定者	
		一次判定者	二次判定者
材料	5カ月	係長	課長
部品	3カ月	係長	課長
仕掛品	3カ月	係長	課長
製品	6カ月	課長	部長
工具（汎用）	3カ月	班長	係長
工具（専用）	6カ月	係長	課長
金型	12カ月	課長	部長

SECTION 21 整理基準を設定する

手持ち基準を設定する

必要以外のモノ、必要以上のモノを職場や作業域に持って活動している職場では、日常的に時間や動作のムダが生じている。

手持ち基準のパターン

手持ち基準は、ある作業や業務を進めるときに必要なモノや、作業を停滞なく進めるために必要なモノ（在庫量など）の、品名や数量を決めたもので、次の2つのパターンで設定します。

・**個人手持ち**……ある特定の担当者が作業や業務を行なうときに不可欠な、工具や補助機材などのモノ

・**職場手持ち**……職場単位で、職場が担当する作業を行なうときに複数の担当者が共通して使用するモノ

「個人手持ち」の作成

個人手持ちに必要なモノの種類や数量を設定する場合は、実際に現場での作業手順を確認して行ないます。そして必要最小限の数量も設定します。

この設定した品目以外のモノ、また設定した数量以上のモノを不要品として区分けします。

それらは担当者のエリア、または職場のエリアには保管せず、保存・廃棄・転用などの処分をします。

「職場手持ち」の作成

職場には、個人手持ちとして設定したモノ以外にも、職場で共有して使用するモノがあります。

これらのモノとしては、その職場で使用する特殊工具や専用測定器などのような「共用工具（固定品）」、また溶接棒や軍手などのように職場単位で消耗品として在庫管理する「共用消耗品（費消品）」があります。

▽**「共用工具」**は「個人手持ち」と同様に設定します。不要品の処分も同様です。

▽**「共用消耗品」**は、発注点方式で在庫管理を行なう基準で、次の項目を設定して運用します。

・**発注点**……この数量まで減ったら、補充発注するという在庫量で、業者からの納入リードタイムを元に設定する。納入遅れなどによる欠品を生じないように、安全在庫も必要により加味する

・**発注ロット**……1回あたりの補充数量

必要以上に保管していた場合は、所定の数量になるまで手配を抑制します。

手持ち基準の案を作成したら、職場の責任者が確認し、実施に移ります。

手持ち基準の設定

手持ち基準（個人）の例

職場	○○工程	氏名		
No	品名	規格	数量	備考
1	レンチ	8,10,12	各1	
2	スパナ	12×14	1	
3	ドライバー	プラス	1	
4	軍手		1	

手持ち基準（職場）の例

職場						
No	品名	常置数量	在庫基準			備考
			発注点	発注ロット	調達L／T	
1	接着剤	―	0	1ケース	―	事務所より
2	軍手	―	0	1たば	―	事務所より
3	溶接棒	―	20	1箱	3日	△商会より
4	500mmノギス	1	―	―	―	
5	○○治具	2	―	―	―	

SECTION 22 不要品はモレなく摘出し確実に処分する

不要品の摘出・さらし・判定・処分の推進

職場の全員で、整理基準に従って不要品の摘出を効果的かつスピーディに進めるには、摘出の分担、スケジュールを明確にする必要がある。

不要品の摘出のポイント

不要品は工場内の各所に散在しています。また不要品は往々にして見逃しがちなところに隠れています。

そこで不要品の一斉整理では、対象箇所ごとに担当者とスケジュールを明確にし、短期間に予定どおりに進展するように、進度もマップ上などに表示して進めるとよいでしょう。

摘出した不要品の処置も、現場に合わせて設定しておきます。例えば、次のようなルールを決めて進めます。

・工具や部品などの小物は「不要品置き場」に集積する

・設備・装置などの大物は「不要品伝票」を添付して、その場に据え置く

不要品基準で「未使用期間」を設定しても、現物の未使用期間が不明だったり、摘出しているときに、設定した「未使用期間」に疑問が出てきたときは不要品の判定がむずかしく、そうした場合は判定一時保留ということで、「迷い札」を貼って後日、判定者が判断するようにします。

不要品のさらし

不要品は「さらし」により、他部署での再利用など有効活用を促進します。「不要品見学会」などと名づけて、他部署での引き取り再利用や、転用を積極的に進めるとよいでしょう。

不要品の判定

不要品候補の処分判定は、判定者の独断にならないように、そのモノに関する情報を幅広く収集するようにします。そして、不要であると判定したモノについては、迅速に処分方法を決めます。

この処分の方法として通常は、「廃棄」「転用」「売却」「再格付け」「保管」などがありますが、職場や会社、業務内容の実態に合わせて、その方法を広げて考えましょう。

不要品の処分

最終判定後に、実際に廃棄などの処分を行なうにはかなり日数や手間がかかります。廃棄物処理業者の手配や回収期間もかなりかかり、またその前段として、不要品の分別も手間がかかります。

このため、処分日程も明確に計画して、迅速な処分を目指します。

不要品の摘出・さらし

不要品伝票の例

赤い紙に印刷 →

不要品

品名	数量	記入
品番		●日付
場所		●氏名
モノの内容（種類・サイズ）		
処分方法 □廃棄　□手直し・修理 □転用　□売却 □その他		処分判定者 ●1次判定 ●2次判定
期限		
備考		

不要品の摘出の例

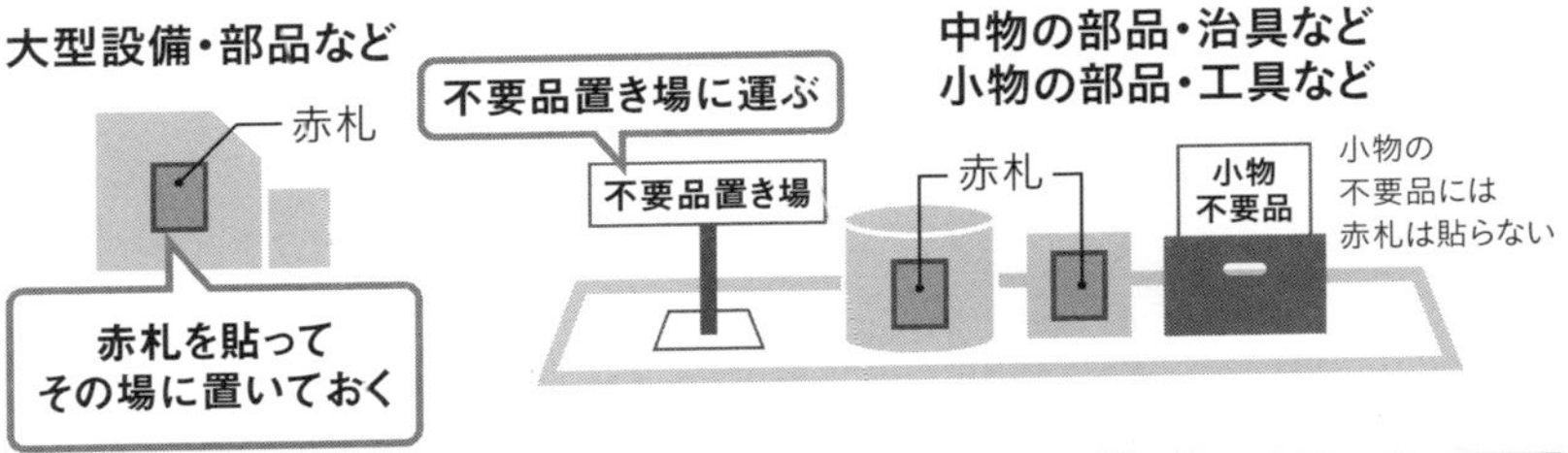

大型設備・部品など
赤札
赤札を貼って
その場に置いておく
不要品置き場に運ぶ
不要品置き場
中物の部品・治具など
小物の部品・工具など
赤札
小物

不要品のさらし

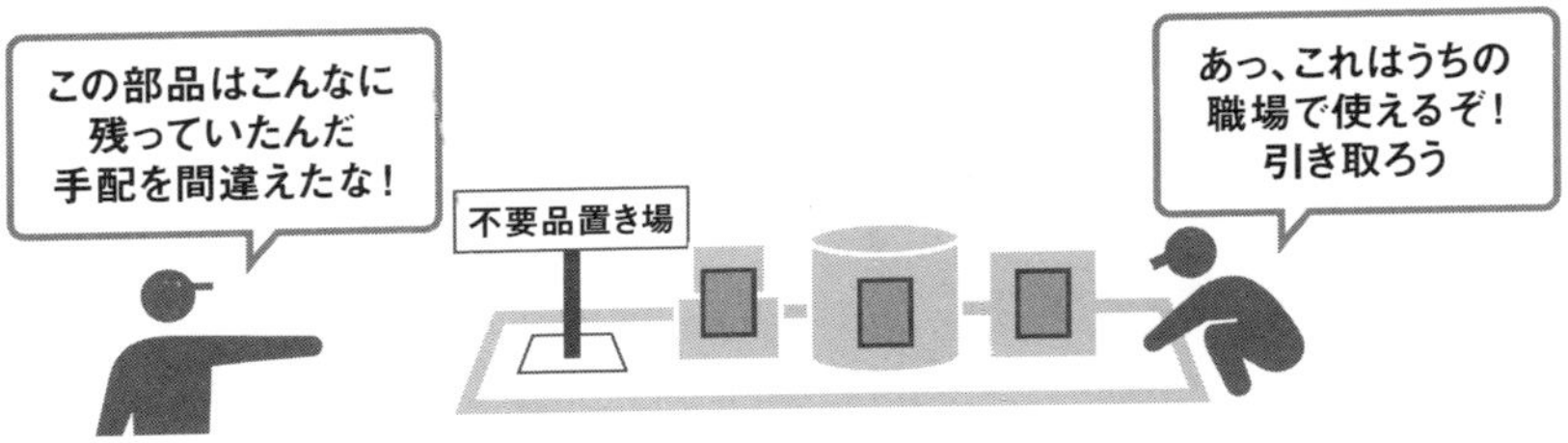

小物の
不要品には
赤札は貼らない

この部品はこんなに
残っていたんだ
手配を間違えたな！
不要品置き場
あっ、これはうちの
職場で使えるぞ！
引き取ろう

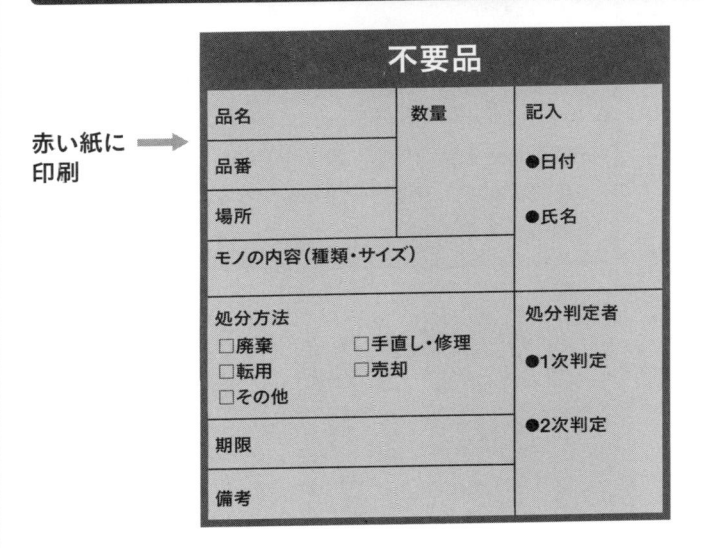

SECTION 23 不要品の発生にはパターンがある

不要品の発生と溜まり方

不要品の発生要因には、製品や工程の変更に起因するものだけでなく、管理方法の不備や５Ｓマインドに起因するものもある。

整理活動の究極の狙いは「発生した不要品を処分する」ことではなく、「不要品を発生させない」ことです。

そのためには、不要品を発生させる原因を追及して、それに対する対策案を検討し、重要な課題から順次、再発防止対策を推進します。

不要品はなぜ発生し、溜まるのか？

不要品には、それが発生して、溜まる原因があります。その原因が明確になると対策案も適切に打てるようになります。

不要品の発生要因には次のようなパターンがあります。

①製品や工程の変更により発生するもの

・避けられず、調整できない変更

客先での受注や生産状況、品質改善で突発的に発生する製品の変更などで、避けることがむずかしい変更です。

・調整できる変更

その変更の実施のタイミングを変えるなどにより、不要品の発生を抑止できるものです。

例えば、工程改善の目的での工程・設備の変更に際して、また製品の設計変更に際しても、仕掛品などの在庫状況を把握して、できるだけ旧型品が発生しないようなタイミングで行なうようにします。

②管理の手順がまずいため発生するもの

工程管理や在庫管理などの進め方の改善により、抑止できる不要品といえます。

例えば、「材料・部品などの在庫管理手順の不備による過大在庫」「保管方法やその条件などの不備による品質や機能劣化の発生」「受注計画の設定手順が不備のために見込み違いが発生して過大生産・過大在庫になる」などいうことがあります。

③５Ｓマインドの不備で発生する不要品

以下のような5Sの取り組み方、仕事の進め方、仕事の情報の共有化などの面での不備によるものです。

・整理・整頓の不備により必要なモノが見つからずに再手配し、過大在庫が発生

・組織間の情報伝達の不備による不要品の発生

・モノを大事に扱う心の欠如による不要品の発生　など

④製造不良により発生する不良品

不要品の発生と溜まり方

不要品発生の要因

1. 製品変更や工程変更によるもの
   1. 避けられる変更
   2. 調整できる変更
2. 管理の手順がまずいために発生するもの
3. 5Sマインドが不備で発生するもの
4. 製造不良により発生するもの

不要品の種類の例

- 注文取り消し品
- 客先仕様変更品
- 設計変更品
- 手配品目ミス品
- 余剰手配品
- 客先戻り品
- 加工不良品
- 品質劣化品
- 検査不合格品
- 不明品

不要品の発生実態を
キチンと把握したうえで
原因追及と対策立案を
することが大切だ
不要品置き場

SECTION

24 なぜなぜ5回で真の原因にたどり着く

不要品発生の再発を防止する

不要品発生の再発防止策の質は、原因追及の質にかかっている。原因追及の質が高ければ、再発防止の確率は高まる。

前項で見てきたように、不要品には発生する原因があります。その原因を把握し、確実に排除することができれば、不要品は発生しません。これにはISO9001などで行なっている是正処置の手順で対応するのが効果的です。

原因の調査

「なぜ」不要品が発生したのか、原因を追及します。不要品の発生パターンを明確にできれば、そこから原因を深掘りし、真の原因を把握して、その排除を進めることが再発防止への道です。

「不要品発生の原因はこれだ!」と捉えたつもりでも、実はその原因を引き起こした原因がさらに裏に潜んでいるケースが多いのです。

この真の原因を追及する方法が「なぜなぜ分析」といわれる方法です。

「なぜなぜ分析」は、トヨタ生産方式において品質改善のために生み出された方法です。ひとつの事象の原因について「なぜ?」を、目安として5回くらい繰り返すと、経験的にほぼ真の原因にたどり着きます。

「なぜなぜ分析」のポイント

▽**なぜなぜで真の原因を追及する**……問題の原因を追及する際に、犯人探し的に個人に原因を求めても、真の解決にはつながりません。原因追及では、仕事の仕組み、作業の手順、作業の環境などにスポットを当てます。

▽**原因が複数の場合**……ひとつの原因に対し、より深い原因が複数存在する場合もあります。これらをもれなく挙げて、「なぜなぜ」もそれぞれの原因ごとに分岐して追及します。

▽**論理的につながっていること**……掘り下げた原因の系列は、論理的でなければなりません。そのため掘り下げた深い原因から、「だから」で上の浅い原因につなげてみて、論理的に合っているかどうかを確認します。

例:『なぜ』発注点の設定が過大だったのか? ↓調達リードタイムの設定が長すぎたから」。これを「調達リードタイムの設定が長すぎた↓『だから』発注点の設定が過大となった」と逆に表現してみると、上下の整合性を確認できる。

不要品発生の再発防止対策

不要品発生の原因追及の例

問題　製品Aの関連部品で、設計変更前のモノが多量に不要品として発生した

	なぜ？　なぜ？	対策
1	なぜ？ なぜ、製品Aの設計変更前の関連部品が多量に残ったのか？ 原因 在庫管理担当者は、設計変更の発生を事前に知らなかった。そのため発注点方式での手配を続行していた	
2	なぜ？ なぜ、在庫管理担当者は設計変更の発生を知らなかったのか？ 原因 生産管理担当者から、設計変更発生の事前連絡がなかったため	
3	なぜ？ なぜ、生産管理担当者は、発注点方式での変更対応の連絡をしなかったのか？ 原因 生産管理担当者は、設計部門より設計変更発生の事前連絡を受けていなかったから	生産管理担当者は、常に設計変更に関する情報を入手するように努力する(処置レベル)
4	なぜ？ なぜ、設計部門は設計変更の連絡をしなかったのか？ 原因 設計部門は出図手配にしか意識がいかず、設計変更が及ぼす手配済み部品には関心がなかったから	設計変更管理の業務手順書を作成する (処置レベル)
5	なぜ？ なぜ、設計変更が及ぼす手配済み部品に関心がなかったのか？ 原因 生産段階のことには設計部門は関心がなかったから	設計者教育として、生産の流れについての教育を行なう (対策レベル)

COLUMN 03

５Ｓとバラツキ

バラツキは品質不良、効率低下、ムダの発生など諸悪の根源といえます。バラツキがなければ、品質についていえば100%良品となるか、100%不良品となるかでしょう。実際はこのようなことはなく、各種の条件がバラツキとしてある確率で発生するので、通常は100%を若干下回る程度の良品率となっているでしょう。

プロセス的に見ると、製品を製造するプロセスでは、製造に用いる要素（インプットである４Ｍ：人、機械設備、材料、作業方法）を、バラツキがない均一な状態になるように努力しても、これをゼロにすることはできません。このため、アウトプットである製品の出来映えのＰＱＣＤ（Ｐ：生産性、Ｑ：品質、Ｃ：原価、Ｄ：納期）もバラツキを生じてしまうのが実態です。

バラツキの発生内容を製造工程で見ると、主として４Ｍに関する時間面のバラツキと方法面のバラツキで現われ、これが品質や生産性のバラツキを生みます。

これらの４Ｍのバラツキが発生する要因は、管理技術的な側面と固有技術的な側面の２つに大別できます。

・管理技術的な側面に起因する要因

管理技術に起因するバラツキは、作業標準や品質基準などの管理項目が守られなかったことで発生するものです。例えば、「材料の受け入れ検査で寸法公差を外れたものを見逃している」「作業者が作業手順書を守らなかった」「金型の保全方法が不適切だった」などがあります。

５Ｓにおいても、モノの「位置の管理」「量の管理」「状態の管理」が不備だと、加工段階でのモノの取り扱いや、運搬、在庫の各段階でのモノの取り扱いのバラツキが生じる原因となります。

・固有技術的な側面に起因する要因

設計技術力、工程設定技術力などの固有技術力の低さに起因する出来映えのバラツキなどです。

５Ｓの最大の課題。
「整頓」活動の考え方

SECTION 25

5Sの最大の課題は整頓だ

PQCDSM達成のための整頓

整頓とは「要るものを所定の場所にきちんと表示して置くこと」。整頓を進めることにより、探すムダなどを追放することができる。

整頓の目的

整理が済んで、職場は必要なモノだけという状態になっていても、「要るものを所定の場所にきちんと表示して置くこと」という「整頓」が実現できていないと、5Sの効果はいまだ初期段階です。

製造作業では、次のような、モノとして多くの設備類や材料類を使っています。

・**設備装置**……機械、金型、治具、工具、測定具、運搬具など

・**材料**……原材料、部品、仕掛品、製品、潤滑油・作動油などの間接材料、包装・梱包用副資材など

そして、この設備装置類や材料類の整頓が進むと、PQCDSMが次のように向上します。

PQCDSMを達成する

▽**P：生産性の向上**……次のような点が改善され、人的稼働率（探すムダ、歩行のムダなどの削減）の向上が図れます。

・誰でも使いたいときに、使いたいモノをすぐに取り出せる、すぐに使える

・使い終わったモノを戻しやすい

▽**Q：品質の確保**……作業中や保管中に発生するミスや不都合の削減を図れます。

・モノの状態が明確になり（モノの状態の識別）、モノの取り扱いミス、識別ミスを削減できる

・モノを所定の場所に所定の条件で保管することにより、モノの品質劣化などを防止できる

▽**C：コストの低減**……量の管理の推進により消耗品の過大在庫の改善や、梱包資材などのムダな消費の抑制が進みます。

▽**D：納期の順守**……仕掛品の状態の明確化で着手遅れの防止ができます。また量の管理の推進により、部品や消耗品の欠品を防止でき、工程・納期の確保が進みます。

▽**S：安全の確保**……モノを所定の場所にきちんと置くことにより、歩行時の安全が確保できます。また保管時のモノの落下、棚の転倒防止などを図ることにより、製造職場の安全性が高まります。

▽**M：モラールの向上**……個人にとっての5Sも進み、快適な職場になり、仕事・職場に対する満足感も高まります。

ＰＱＣＤＳＭ達成のための整頓

生産管理の目的と狙い

経営資源（4M）／生産管理の狙い	人（Man）	設備（Machine）	材料（Material）	方法（Method）
P：生産性の向上（Productivity）				
Q：品質の確保（Quality）				
C：コストの低減（Cost）				
D：納期の順守（Delivery）				
S：安全の確保（Safety）				
M：モラールの向上（Morale）				

4Mのよい運営（マネジメント）がPQCDSMを向上させる。そのため具体的な運営の方法（生産管理の手法）が必要になり、各セルにこれらが入る

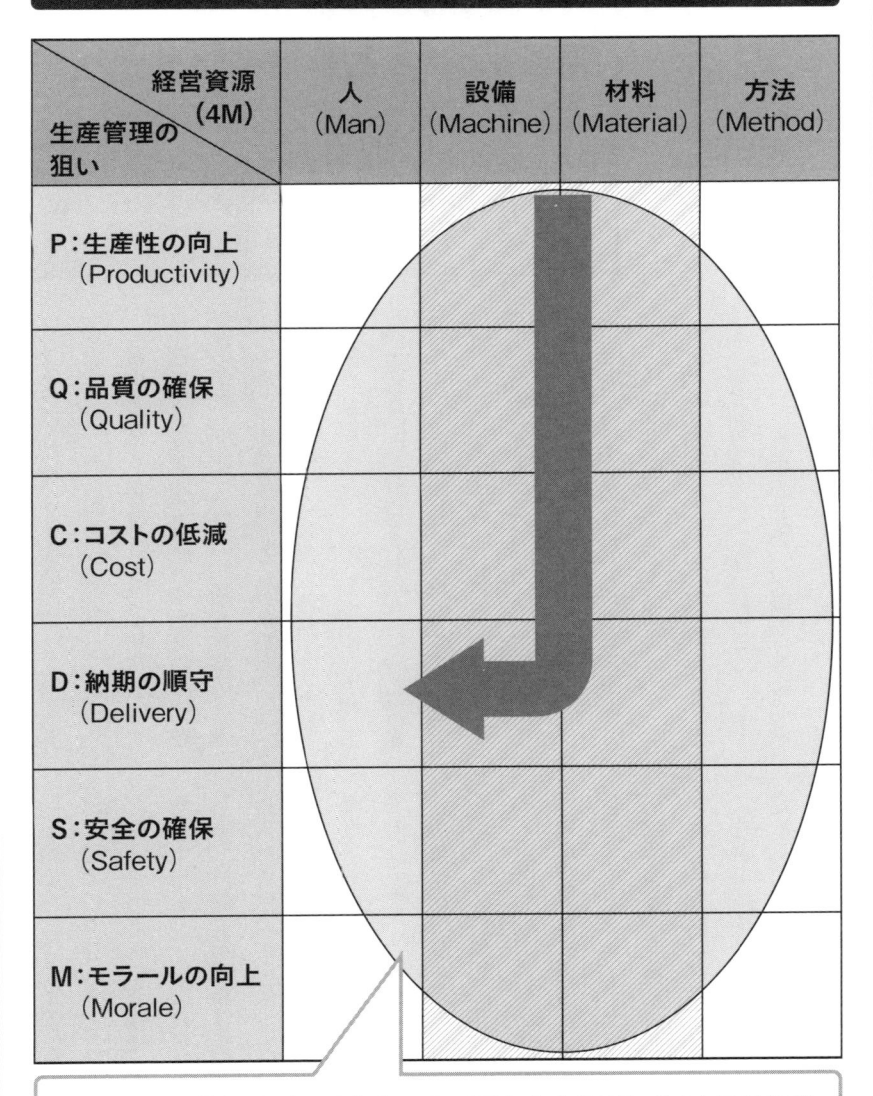

SECTION 26

手順を踏んだ整頓が効果を生む

整頓の働きと標準化

整頓の基準を明確にして標準化すると、整頓の進め方が統一化でき、わかりやすく美しい機能的な整頓になる。

整頓の機能

整頓には、その働きとして「位置の管理」「量の管理」「状態の管理」の3つがあります。この3つの働きを以下のように「表示」で明確にし、モノの整備をしていくのが整頓活動といえます。

▽**位置の管理**……モノの保管位置を、名称や番号で明確にする表示です（27〜30項参照）。

▽**量の管理**……作業などに使用する工具や測定器の保有の基準、また仕掛品や部品・消耗品などの量の状態や在庫の基準を明確にする表示です（31項参照）。

▽**状態の管理**……材料・部品、仕掛品、製品や設備などについて、「今どの工程にあるのか」「これは不良品だ」「今は運搬待ちだ」「この設備は計画休止だ」などのモノの状態や流れの状態を明確にする表示です（32項参照）。

整頓の標準化の推進

整頓を進める際には、全社標準としての「整頓基準」を設定します。

全社の整頓基準としては、表示板の基準（表示板のサイズや文字サイズ、色、材質）、区画線の基準（通路、仕掛品置き場、不良品置き場などを明示する区画線の幅、色、材質）などを設定します。

「整頓基準」の中で表示に関する具体的な基準は、通常は場所表示（28項参照）だけでよいでしょう。

保管具の形状や寸法は職場によってまちまちであり、表示は保管具に依存するため、位置表示や品目表示は一律には決められないのが実態です。

位置表示や品目表示方法の具体的な基準は、各推進区（職場）に任せるとよいでしょう。

各推進区で整頓対象物の洗い出しを行ない、モノの種類（品目グループ）ごとの、整頓の仕方の標準化をします。

標準化としては、品目群ごとの置き場、置き方、表示の方法を設定して、「品目別整頓基準」を決めます。

品目の種類は通常、非常に多く、すべての品目グループに対して整頓基準を設定するのは現実的ではありません。

量や種類の多いモノ、使用頻度の高いモノを中心に標準化するとよいでしょう。

整頓の働きと標準化

整頓の3つの働き

- 位置の管理 ──→ 27〜30項参照
- 量の管理 ──→ 31項参照
- 状態の管理 ──→ 32項参照

整頓の推進手順

①全社の整頓基準を設定する……場所表示、床表示の方法、ラベル・カンバンなどの表示道具の設定など
②推進区ごとに整頓対象物の洗い出しを行なう
③推進区ごとに整頓基準を設定する……品目群ごとに置き場、置き方の基準を設定する
④レイアウトの設定……作業性、安全性などを考慮して、モノの配置や置き方を決める
⑤整頓の実施……モノの配置換えや表示を実施する

表示基準の例

1. 区画線

場所	材質：サイズ	地色	
通路	テープ：幅 5cm	白	
仕掛品置き場	テープ：幅 5cm	黄	
不良品・手直し品置き場	テープ：幅 5cm	赤	
その他置き場	テープ：幅 5cm	青	
床置き禁止エリア	テープ：幅 3cm	黄と黒のトラテープ	

2. 表示板

表示の種類	使用場所	材質：サイズ	地色	文字色	文字サイズ
場所表示	棚など	アクリル：15×30cm	黄	青	48
	床の区画線上	テプラ:5×15cm	白	青	28
位置表示	棚など	テプラ:什器に応じて決める	白	青	什器に応じて決める

SECTION 27

整頓の基本には3要素がある

整頓の3要素と動線

「置き場を決める」「置き方を決める」「表示をする」の3要素をしっかりつくり込むことが、整頓の第一歩だ。

整頓の3要素とは

整頓の対象のモノは、工場内にあるモノすべてです。このすべてのモノに対して、整頓の狙いを実現するために、整頓の3要素として、「置き場を決める」「置き方を決める」「表示をする」ことを進めます。

▽**置き場を決める**……モノには最適な置き場があります。

これはそのモノの取り扱いから決まるもので、それぞれのモノの使用順序・使用頻度とそれらの距離、保管場所、戻し場所を考慮して置き場を決めます。

この置き場設定は、工場内のすべてのモノについて行ないます。

▽**置き方を決める**……保管されたモノは、使用するためにいろいろな取り扱いを受けます。この取り扱い動作のために次のような最適な置き方を設定します。

・取り出し・戻しという取り扱いに、「動作経済の原則」から見てムダがないように、「見つける、取る、握る、運ぶ」の各動作ができるようにする（30項参照）

・常に平行・直角に置き、毎回の動作に違いを生じさせないようにする

▽**表示をする**……（28項参照）

置き場の決め方の手順

置き場を決めるときは、職場内の関連する一連の作業の動線が最短になるように、次のように検討します。

①現状の作業域の配置図の作成

機械・設備、作業台、工具・治工具置き場、材料・部品置き場、完成品置き場などを、配置図（レイアウト図）として作成します。

②現状の動線の確認

標準作業の手順に従った作業者の移動状態を動線として配置図上に表わします。

作業域などで繰り返しの移動が発生する場合は、その回数に応じ線の太さを比例させると状況がわかりやすいでしょう。

③動線の改善

現状の作業動線でのムダを見つけます（左図参照）。

④新しい置き場の決定

検討した配置の改善案に従い、作業台や置き場を配置換えします。

整頓の３要素と動線

整頓の3要素

整頓の３要素		狙い
置き場	最適の場所が決まっている	必要なものが誰にでも見てわかる
置き方	きちんと置かれている	取り出しやすく、戻しやすい
表示	モノの見える化ができている	探さない、迷わない

置き場は作業の動線から決める

- 人の動きの逆流や交差をなくせないか
- 主力作業での流れを短縮化できないか
- 作業台や保管場所を近づけられないか
- 頻繁に行き来する作業台や保管場所を一体化し、移動をなくせないか

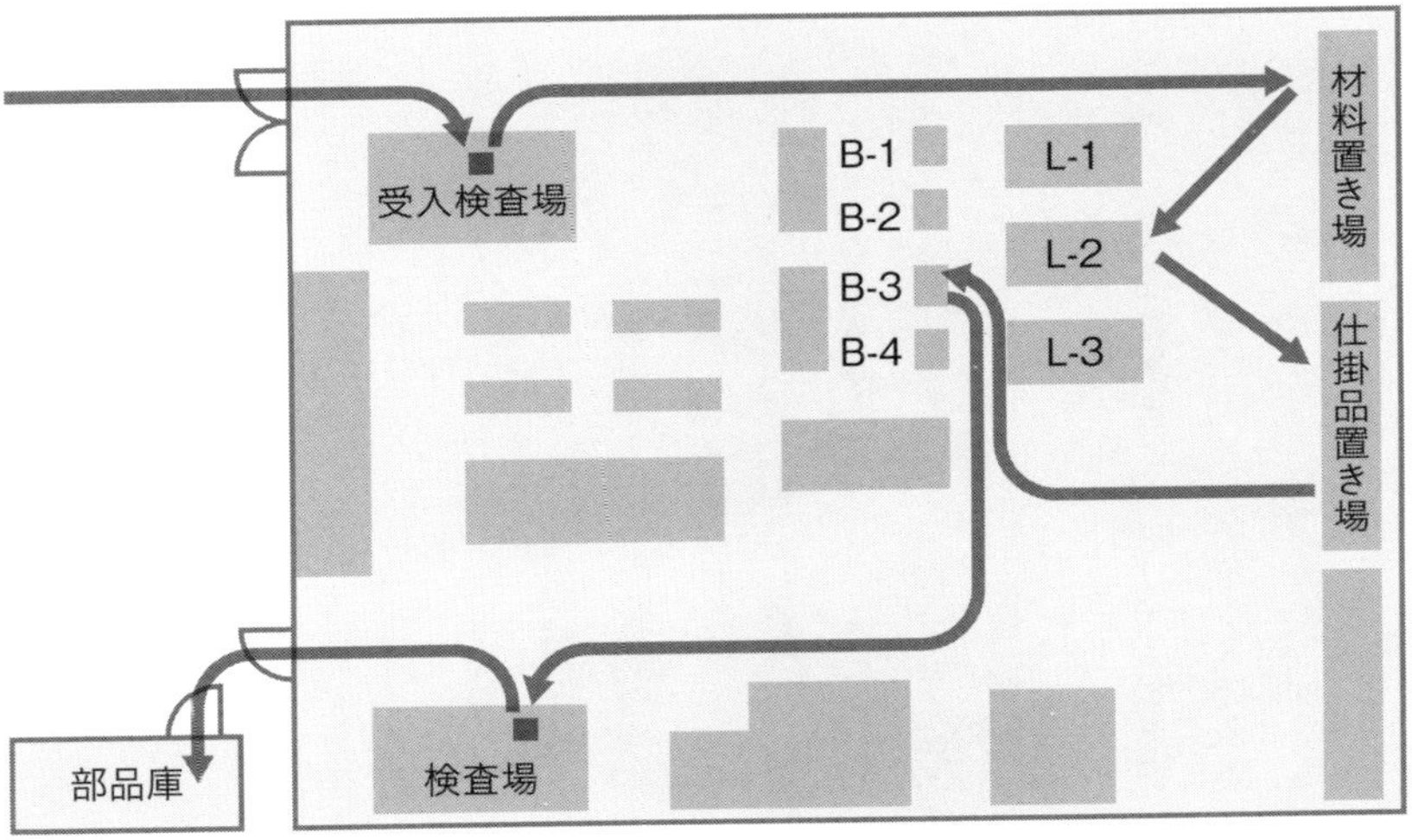

SECTION 28

3種類の表示で見える化を図る

表示は3種類が基本

「場所表示」「位置表示」「品目表示」の3種類の表示を整備することが表示の基本だ。

表示の目的

整頓の3要素のひとつとしての「表示」は、モノの見える化が狙いです。表示の効用には、次のようなものがあります。

・モノを探し、見つける時間を最小化できる
・誰でも（応援者でも、パート・アルバイト・新入社員でも）、必要なモノをすぐに探し、見つけることができる
・表示により、モノの置く位置の正しさを判別でき、正しい位置に維持できる

表示の仕方

モノを保管する方法として多くの場合、モノを収納具に納め、それを保管場所に配置します。

これらの保管場所や収納具には、次のように種々のものがあります。

・**保管場所**……棚、床、台、パレット、キャビネット、壁、自動倉庫、机　など
・**収納具**……裸（収納具なし）、トレー、箱、プラケース、段ボール、袋、パレット　など

表示では、モノを保管してある保管場所や収納具、またはモノそのものに表示して（表示に従ってモノを配置）、探しているモノがどの保管場所の、どの収納具にあるかがわかるようにします。

表示の種類

上記のような表示方法として、次の3種類の表示をそろえます。

①場所表示……棚や床、台などの保管場所の用途（何を保管するのか）を示す表示です。表示としては、大分類表示ともいえます。

例：共用工具、電装部品、3号機用金型、検査治具、仕掛品置き場　など

②位置表示……各保管場所の中で、どこの位置に保管するのかを示す表示です。そこに置くものの名称、品番、型番などを表示します。

例：（金型置き場で）No.78561、「アーム」用金型、（端子保管棚で）8-5型端子　など

③品目表示……モノそのものに表示する、そのモノの名前などの表示です。表示としては、位置表示と同じもの（モノの名称、品番、型番など）を表示します。

3種類の表示が基本

3種類の表示

- **場所表示**　棚の用途や、場所の用途などの表示
- **位置表示**　そこに置くモノの名称・型番などの表示
- **品目表示**　モノの名称・型番などの表示

棚に見る3種類の表示

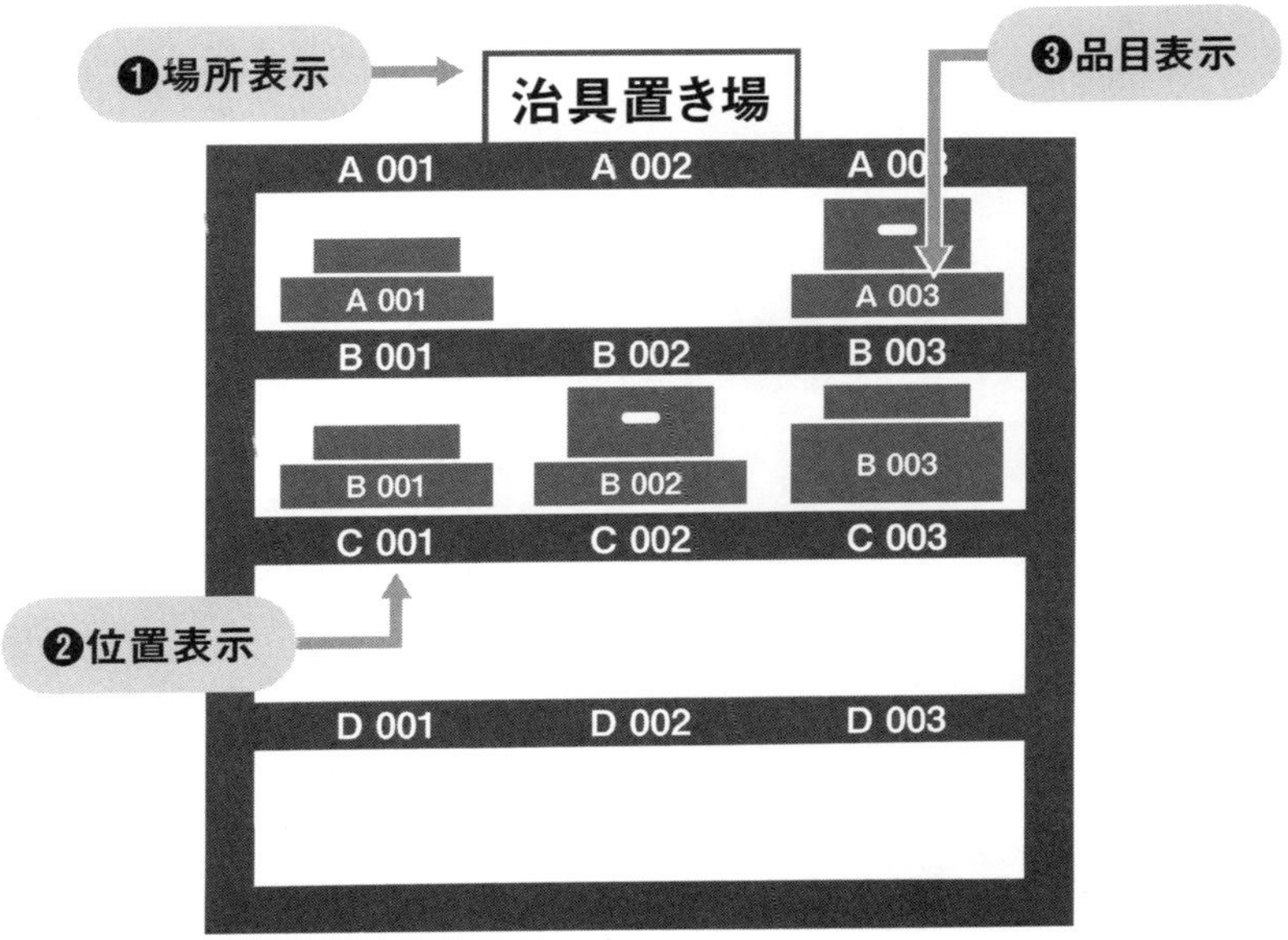

SECTION 29 モノの特性に合わせて表示を考える

整頓での表示のポイント

モノの用途や、そのモノとしての特性（サイズ、重量、形状、種類など）に応じて表示の工夫をしよう。

表示のポイント

保管場所やそこで用いる収納具、保管するモノは多種多様で、表示の方法や用具も一律にはいきません。

そこで表示を進める際には、次のポイントを押さえて進めます。

・表示は3種類の表示（場所、位置、品目の各表示）をそろえることを基本にするが、収納具やモノの形状・寸法に応じてフレキシブルに対応する

・表示は、できるだけ対象物を細かく分類し、基本的には1品目1表示にする

・識別しやすい表示（色、大きさなどの工夫で識別しやすくする）を採用する

・とくに品質や安全に関わるものは、識別が確実にできるように配慮し、ヒューマンエラーを生じないようにする

・美観などにも考慮した置き場、置き方を決める

効率的に整頓を進めるには、金型、工具、仕掛品といった、品目グループごとに手掛けていくとよいでしょう。

表示の工夫

・1収納具に1品番を保管するようにし、収納具内のモノの混じりなどがないようにする

・場所表示名や、それぞれの場所表示名内での位置表示名は、個別に識別できるようにする（同じ名前をダブって設定しない）

・品目表示がつけられないような小さいモノは、品目表示名の代わりに用途や所属などを、色テープなどを貼って明示する

・品目表示はすぐ磨滅しない手段を、モノに応じて工夫する

例：ペンキ、刻印、電気ペン、テプラなど

床置きでは、床に直接置くベタ置きにせず、パレット上や収納箱内などに保管します。

そして表示も、立て看板などを利用すると見やすい表示となります。

姿置きでは、位置を示す姿絵は写真で示すと明確でかつ美観もよくなります。また文字や番号による位置表示も合わせて行なうと、類似品との取り違えなどの予防になります。

整頓での表示のポイント

整頓基準の例

大分類				材料・仕掛品			治工具・測定具			
対象物				原材料・補助材	仕掛品	指針	作業用	段取り用	保守用	指針
整頓の3要素	置き場		床	○	○	運搬の効率化を考慮する				使用頻度が低いものは作業域以外に置く
			棚	○	○				○	
			台							
			壁・ボード				○	○	△	
			台車		○			△		
			自動倉庫							
			キャビネット							
			机							
			他							
	置き方		置く	○	○	移動のしやすさ（運搬の活性示数）、出し入れの取り扱い性を考慮する 先入れ先出しができる置き方にする	○	○	○	測定具、刃具などが痛まないように保護する サイズ別、種類別に表示して置く 作業性を考慮して置き方、置く順序を決める
			掛ける・吊るす				○			
			他							
		まとめ方	パレット	○	○					
			コンテナ・箱	○	○				△	
			容器	○						
			結束							
			他							
	表示	場所表示	看板	○	○	モノの状態がわかるようにする（○○工程待ち、検査待ち　など）	○	○	○	極力、姿置きにする 色による識別（置き場、工程）も検討する
			ラベル							
			立て看板	△	△					
			吊り下げ看板							
			他							
		位置表示	ラベル	○	○					
			姿絵				○	○	○	
			区画線	○	○					
			他							
		品目表示	ラベル				○	○	○	
			刻印・書き込み				○	○	○	
			現品票	○	○					
			他							

SECTION 30 よい整頓は動作改善から

よい整頓がムダのない動作をつくる

「時間は動作の影」という。ムダな動作がムダな時間を生む、ということ。ムダのない動作が工数低減や動作の疲労軽減につながり、また女性にもやさしくなる。

置き方が動作改善につながる

5Sでモノの「置き方を決める」と、モノの取り扱い動作が決まり、その結果として動作を、ムダのない、最適な動作で行なえるようにすることが大切です。

そのモノの取り扱い動作を検討するときに役立つのが「動作経済の原則」です。

「動作経済の原則」とは、作業を行なう中で見られる、ムリ・ムダ・ムラな動作を排除するためのヒント集です。

作業を効率的に行なうためには、「①動作の数を減らす」「②動作を同時に行なう」「③動作の距離を短くする」「④動作を楽にする」という基本原則を、❶動作方法、❷作業場所、❸治工具・機械、の3つの場面で適用することです（左ページ表参照）。

動作設計上のポイント

▽疲労の防止

・自然な姿勢で取り扱い作業をする（身体を曲げる、ねじるの排除）

・動作は身体の先端部位で行なえるようにする（指だけの動作がベスト、それがムリなら手首から先、または前腕から先で行なえるようにする）

・取り扱い動作では、モノの上下移動を避ける

・取り扱い作業の位置、工具・部品の位置は正常作業範囲内に設置する（正常作業範囲とは、曲げた肘を支点にして両手で作業ができる範囲のこと）

・取り扱い作業中の歩行を少なくする

また、以下の「やりづらい動作の改善」なども疲労の防止につながります。

▽やりづらい動作の改善

・動作方向の急変を避ける

・正確な位置を決める動作は、ガイドや治具を設置する

・工具は制約なく戻せるようにする

▽迷い・躊躇・不安のある動作の排除

・工具や材料はすべて定位置化する

・作業順序どおりに工具や材料を置く

▽ムダなく速くできる作業の追求

・両手を使い切る（遊ばせない）

・両手は対称に、同時に動かす

・モノは常に平行・直角に置き、毎回の動作に違いを生じさせない

よい整頓がムダのない動作をつくる

動作のムダは「動作経済の原則」で見つける

対象	①動作の数を減らす	②動作を同時に行なう	③動作の距離を短くする	④動作を楽にする
❶動作方法	●不必要な動作をなくす ●2つ以上の動きを組み合わせる ●注視回数は少なく、また注視点をできるだけ接近させる	●両手は同時に動かし始め、同時に終わらせる ●両手は同時に反対・対称方向に動かす ●両手を同時に遊ばせない	●動作は身体の先端部位で行なう（動作等級の低い動作内容） ●動作は最短距離で行なう	●制約のない惰性やはずみを使った楽な動作に近づける ●動作の方向やその変換は円滑にする ●できるだけ自然のリズムで仕事を行なう
❷作業場所	●材料や工具は作業者の前方、一定の位置に作業順序で置く	●両手の同時動作ができる配置にする	●作業域は支障のないかぎり狭くする ●材料や工具、治工具などは使用点に近づけて置く	●作業点の高さを最適にする ●正しい作業姿勢ができる椅子の高さにする ●作業に適したよい照明にする
❸治工具・機械	●部品のとりやすい容器や器具を利用する ●工具は複合化する ●機械操作は1動作で行なえるようにする	●長時間モノを持つときは保持具を利用する ●両手の同時動作ができる治具を考える	●材料の取り出し、送り出しには重力や機械力を利用する	●握り部はつかみやすい形にする ●見える位置で楽に調整できる治具や機械にする ●工具は軽く扱えるようにする

SECTION 31 適切な量にモノを管理する

「量の管理」の進め方

「量の管理」を徹底するのは、欠品（不足）をなくして仕事の停滞を防止し、過剰をなくして不要品の発生を防止するのが狙いだ。

「量の管理」では、保有するモノの量の基準や実態を明確にすることにより、余剰な在庫保有や欠品を防ぎます。

対象となるモノには、①工具・治具・測定具などの固定品（使用により数量が変化しないもの）と、②材料、消耗工具・刃具、副資材などの費消品（使用により数量が変化するもの）に分けられます。

固定品

固定品では、次のような点を表示等で明確にします。

・個人や職場の「手持ち基準」を明確にして、必要にして十分なモノしか保有しない（21項参照）

・個人間や職場間などでのダブリ保有をしない、作業性に支障がない限り共有化する（37項参照）

・余剰品分は別置きして、余剰品が見えるようにする

費消品

費消品に関しては、次のような方法で見える化します。

・発注点方式の採用

費消品については、欠品や過剰在庫が発生しないように、発注点方式による在庫管理が効果的です。

発注点方式とは、あらかじめ設定した数量（発注点）まで在庫量が減少したら、その時点であらかじめ設定した数量（発注量）のモノを手配する方法です。

この方法では、調達リードタイムと平均消費量を元に発注点を設定します。そこで5Sでは発注点の表示や、発注依頼の明示を行ないます。

調達リードタイムや平均消費量は変動するので、発注点にはその分の安全在庫を底上げしておきます。

また先入れ先出しが容易な保管方法の設定などが大切です。

・ダブルビン方式の採用

発注点方式を簡略化したものにダブルビン方式があります。

これはひとつの在庫品目に2つの入れ物を用意して、ひとつ目の入れ物が空になったら、そのモノを発注します。その納入を待つ間は2つ目の入れ物の在庫品を使う方式です。

「量の管理」の進め方

発注点方式の考え方

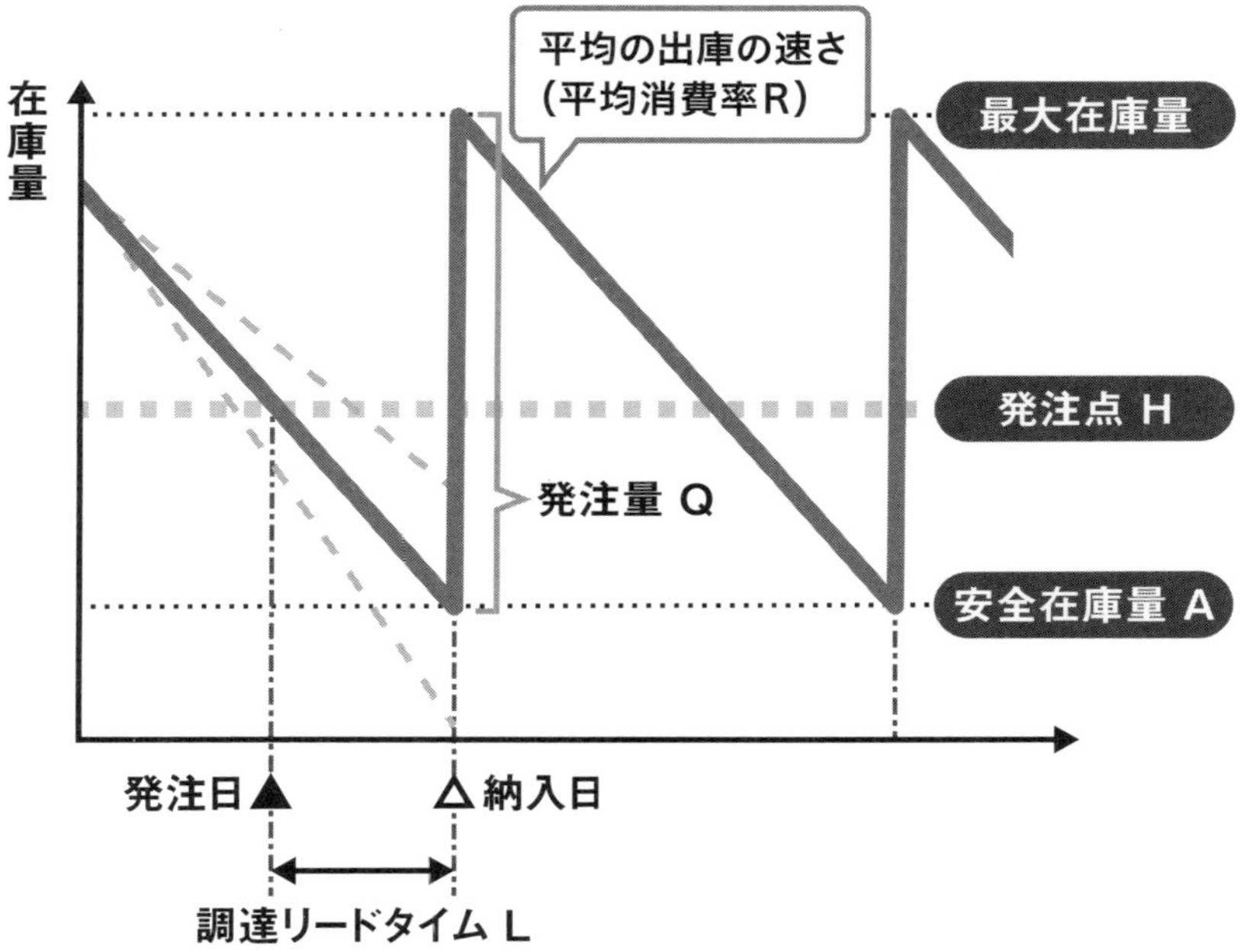

定量発注方式での基準値の設定手順

1. 平均消費率Rを実績より決める
2. 適切な発注量Qを決める（経済的発注量など）
3. 品目別に調達リードタイム（調達期間）Lを決める
4. 調達リードタイム中の消費量S＝L×R
5. 消費変動、納期のバラツキを考慮して安全在庫量Aを決める
6. 発注点H＝A＋S
7. 最大在庫量＝A＋Q
8. 平均在庫量＝A＋Q／2

SECTION 32 モノの状態が見えると取り扱いが的確になる

「状態の管理」の進め方

モノの状態はその役割に応じて、品質の状態、工程の状態、設備や材料の状態などについて見える化する。

状態の管理とは

「状態の管理」では、モノの状態や流れの状態を明確にすることにより、次のような管理面の効果を生み出します。

・不良品の混入、検査モレなどの品質不具合を防止する

・異常な、または過剰な停滞を予防して、速くモノを次工程に流せるようにする（目的は納期の確保やリードタイムの短縮）

・モノの取り違えや選択ミスなどのヒューマンエラーを防止する

・モノに起因するムダが見える化され（余剰な量、ムダな停滞など）、取り扱いを目的志向で進めることができる

状態の管理の適用

▽**品質の状態**……良品・不良品の識別や、検査前、検査後などの検査の状態は、品質管理上の重要なテーマです。これらを文字や色などの表示で明確にします。

例：「材料不良品置き場」「検査待ち」

▽**工程の状態**……今どの工程のどういう状態にあるのか、次工程はどこか、移動先はどこかなど、モノの工程の状態は、作業進捗上での大切な情報です。これらの工程の状態を表示で明確にします。

例：「B加工完了品」「Y協力工場行き」

▽**保管・設置の目的**……そこに存在する理由を明確にします。これにより工程上の問題点が明確になり、改善へと展開することができます。

例：「仮置き品」「手直し待ち」

▽**モノの用途**……そのモノの用途などを表示します。これによりモノの選択ミスなども防止できます。

例：「A製品用部品」

▽**期限の層別管理**……モノには賞味期限、校正期限などの期限があるものがあります。この期限を表示で明確にして、取り扱いミスなどを防止します。

例：「賞味期限―2020年3月」、校正切れ期限ごとの層別（色別）表示

▽**金額の認識**……モノの金額（購買金額、製造原価など）を理解していると、コスト意識が高まります。そして、金額に応じた適切な取り扱い方法や管理方法にできるようになります。

例：「C部品……25円／個」

「状態の管理」の進め方

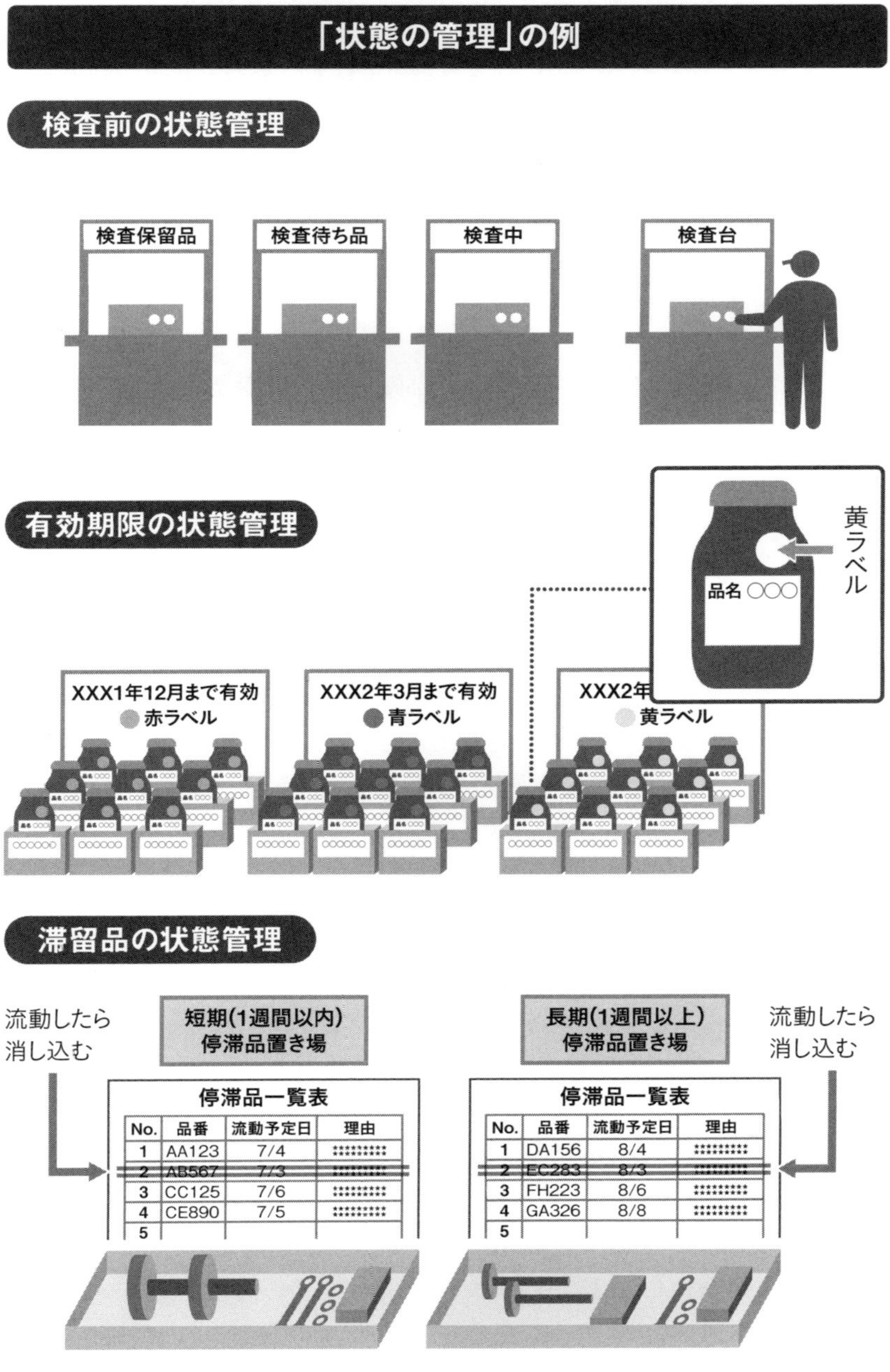

停滞品一覧表（短期）

No.	品番	流動予定日	理由
1	AA123	7/4	*********
~~2~~	~~AB567~~	~~7/3~~	~~*********~~
3	CC125	7/6	*********
4	CE890	7/5	*********
5			

停滞品一覧表（長期）

No.	品番	流動予定日	理由
1	DA156	8/4	*********
~~2~~	~~EC283~~	~~8/3~~	~~*********~~
3	FH223	8/6	*********
4	GA326	8/8	*********
5			

COLUMN 04

駅に見る５Ｓの工夫

JRや地下鉄などの公共交通機関を利用していると、大勢の利用者の安全や行動の利便性を高めるために、さまざまな表示や設備（モノ）の工夫があり、社内での５Ｓ改善のヒントになります。

安全面での工夫では、階段周りの転落防止用の手すりの上面がフラットではなく、半円形や山形になっています。以前はフラットになっていて、カバンなどを置くとそれが落下し、通行中の歩行者にあたって負傷事故などを起こしていました。

駅構内に設置してあるロッカー上部の空間は、遮蔽板でふさいだり、斜面を設けて（危険物などの）不審物を置けないようにしています。また、ごみ箱には爆発物などを隠すような犯罪行為もあるため、外から中身が見えるような構造にして、犯罪の抑止をしています。

利用客の行動の利便性の工夫では、大勢の旅行者、通勤者が乗り換え場所、出口、トイレなどがどこにあるのか、どうやって行くのか駅構内で迷わないように、これらに対するわかりやすい場所表示や行き方の表示が不可欠です。

そこで場所表示では、その場所のイラスト化と所定の色分けで、ひと目で識別・視認できる工夫が進んでいます。また、右か左か、真っすぐかの方向の指示も、それぞれの方向の区分け方や表示の標準化が進んできたように思われます。

しかしながら、利用者の立場から見ると、まだまだ紛らわしい表示があり、その意味するところを読み取るのに悩む場合があります。

細長い掲示板の右端に右矢印があって、その左に場所名が複数記載されている。一方、左端には左矢印があって、その右には場所名が複数記載されている。さて、どの場所名から右なのか？　左なのか？

例えば、「目立つ色の区分け線で区分け位置を明確化する」「右行きと左行きを上下に若干、段差をつける」などの工夫をすれば、利用者の悩みは減るのでは……。このような気づきを他山の石として、私たちの５Ｓに活用したいものです。

現場での「整頓」の進め方の実際

SECTION 33 作業域の整頓の目的は生産効率の向上だ

作業域の整頓の進め方

作業域はモノづくりの主戦場だ。整頓のよし悪しがモノづくりという戦闘を左右する。

作業域とは、機械や作業台を中心に、作業に必要なモノ（材料、部品、工具、測定具など）を配置したエリアです。

このエリアで作業をムダなく効率よく行なうには、次の点の整頓ができていることが欠かせません。

・足元（歩行範囲）が整然としている
・安全かつムリのない動作を行なえる
・作業域内の移動距離が短い

その実現には工程レベルと、モノレベルの両面から改善することが必要です。

工程レベルとしての整頓

・機械・作業台やモノの配置は、各作業での使用順に、かつ近接して配置します。
・個別受注品の組立職場などでは、製品の設置場所が変動的な場合が多いので、組立エリアの床面に、等間隔（例：1mピッチ）で「＋」マークをつけ、製品の位置決め管理に用います。

このマークに対応して「機械配置管理板」などで製品の配置を明示して、効率的なフロア使用を管理します。
・複数の品種の加工や組立作業を行なう工程では、段取り替えがしやすいように、作業台や保管棚はキャスター式にするとよいでしょう。その設置位置は、床に位置決めのマークをつけておきます。
・各工程名や作業名を「工程表示板」として明示し、天井から吊り下げて表示します。これにより工場内での工程位置情報の共有化ができます。

モノレベルでの整頓

・作業域には、行なう作業に必要な工具・治具、材料・部品などのみを置くようにします。
・材料や部品、間接材料、消耗品などは、必要以上に置かないことが大切です。これらのモノは発注点方式などで在庫管理を行ない、設定した必要数のみ作業域に補充します。
・作業サイクルごとに頻繁に使用する工具や治具などは、その工具などの使用位置の近くで、軽く手を伸ばせば届く距離に配置します（手元化）。
・作業で使用するモノは、極力、楽な姿勢で取り扱えるよう、屈まずに、手を必要以上に伸ばさなくても取れるようにします。

作業域の整頓の進め方

組立ラインでの整頓のイメージ

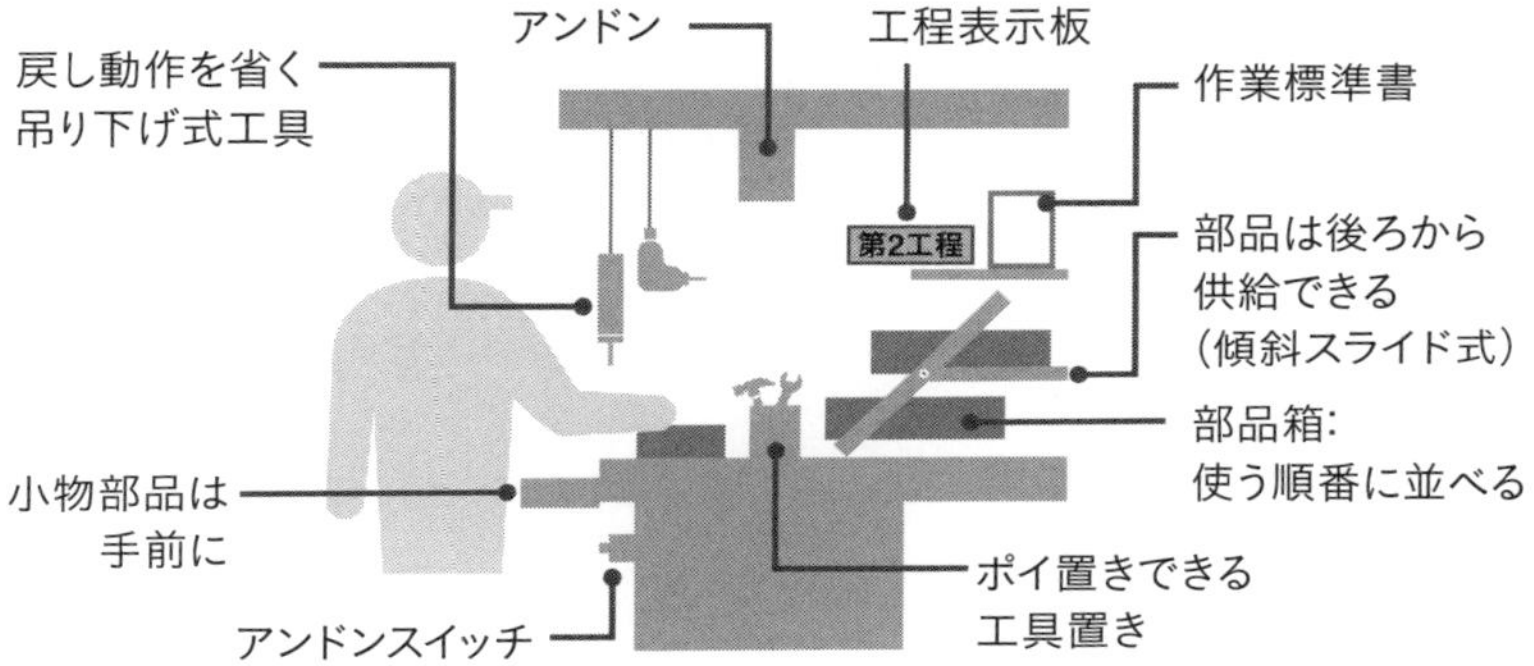

作業域のレイアウトでは動線の短縮化がポイントだ

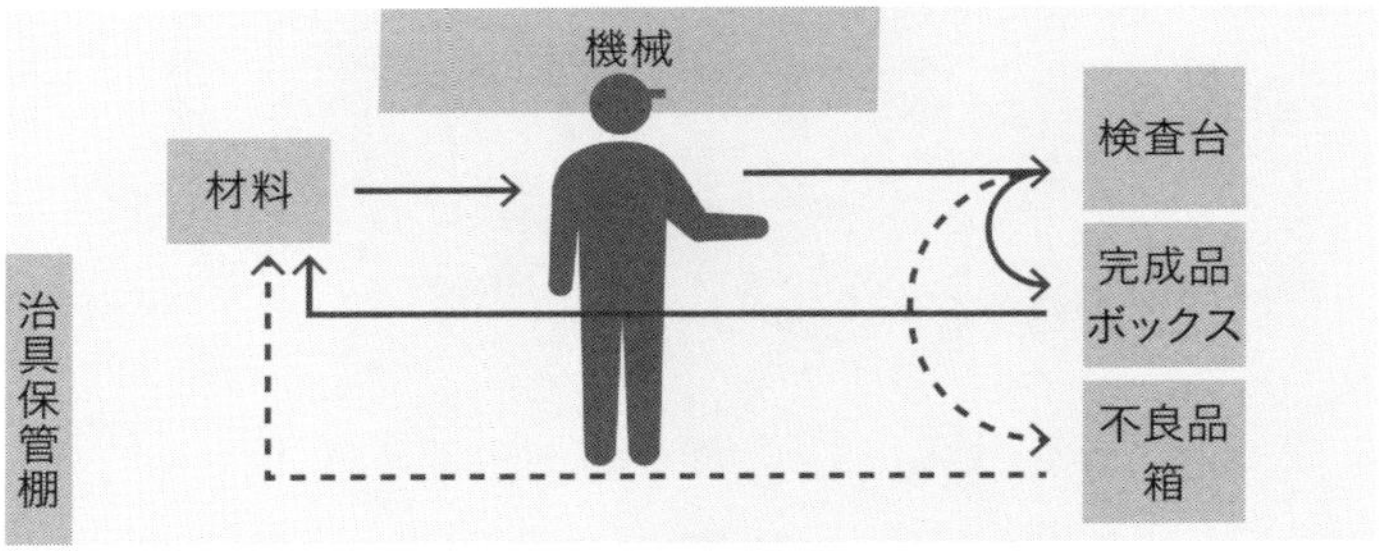

個別生産の組立場ではロケーション番号を決めて整頓する

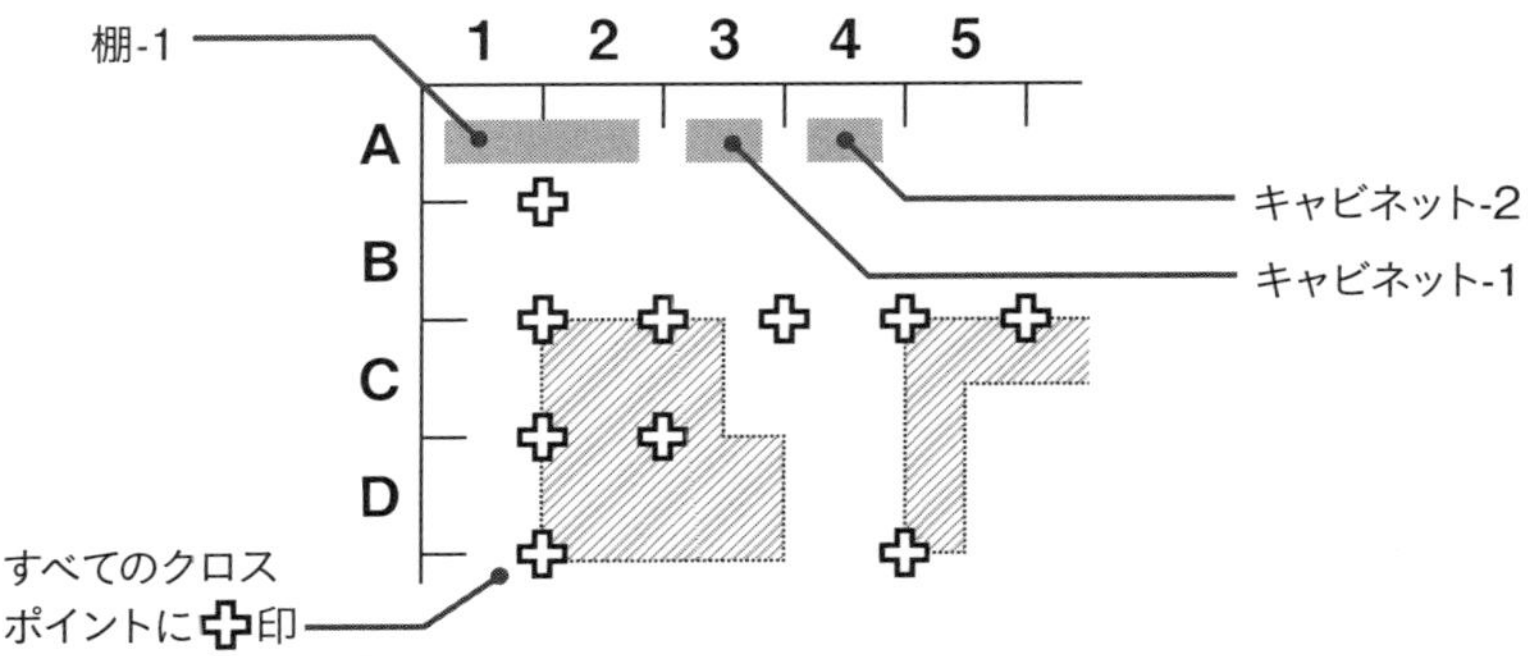

SECTION 34 通路はお客様の評価も受ける工場の顔

通路・置き場の整頓の進め方

通路は物流や人流の十字路だ。モノや人の移動、運搬の効率の向上、安全の確保などの面で大切な場所だ。

通路の整頓を進める

モノが流れ、人が動く。通路はまさにモノづくりの動脈です。このような通路に求められる整頓の働きには、次のような点があります。

▽移動や運搬を効率よく行なえる

・使用する運搬具がムリなく安全に運転できる通路幅を確保する

・余裕のある通路幅を確保できない場合には、曲がり角を「隅切り」する

▽移動や運搬を阻害しない

・通路にモノをうっかり放置したり、仮置き場などに使用しないように、通路は色塗り（緑色など）し、通路であることを明確にする

▽安全に移動や運搬を行なえる

・運搬の往来が多い通路では、可能な場合は歩行者通路を区分して設けたり、横断歩道を設置する

・左右の確認がしづらい交差点や曲がり角には、コーナーミラーを設置したり、一時停止表示をする

置き場の整頓を進める

置き場に求められる働きには、次のようなものがあります。

▽置き場が合理的に設定してあり、利用しやすい

・置き場として認定された場所を用いる

・置き場の設定は登録制にして、勝手な置き場の設置をなくす

・置き場の設定位置や大きさ、保管するモノの種類などを登録する

・登録した置き場は、工場内または職場内の置き場配置マップに明示する

・置き場の名称を掲示する

・置き場にある収納具の配置がすぐわかるマップを作成し、掲示する

▽搬出・運搬が効率よく行なえる

・フォークリストなどを使用する場合は収納具の配置を取り回ししやすくする

・床置きがやむを得ない場合には、スノコなどを敷いてその上に置くなど、モノの品質保護を図る

▽安全に保管できる

・保管してあるモノや収納具は、落下防止を図る（必要に応じて固定する）

・保管棚は地震で転倒しないように固定する

通路・置き場の整頓の進め方

せっかく通路を設定しても、置き場に化けては……

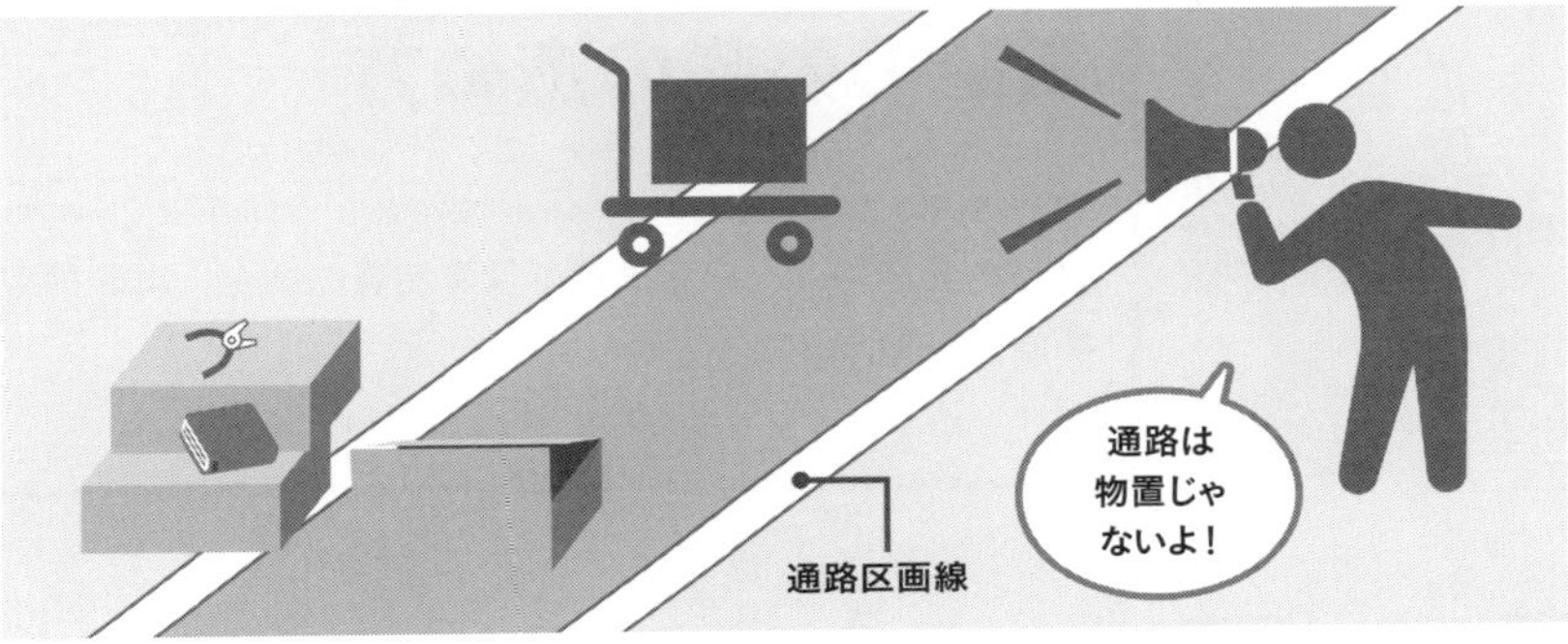

安全上からも歩車区分にしよう

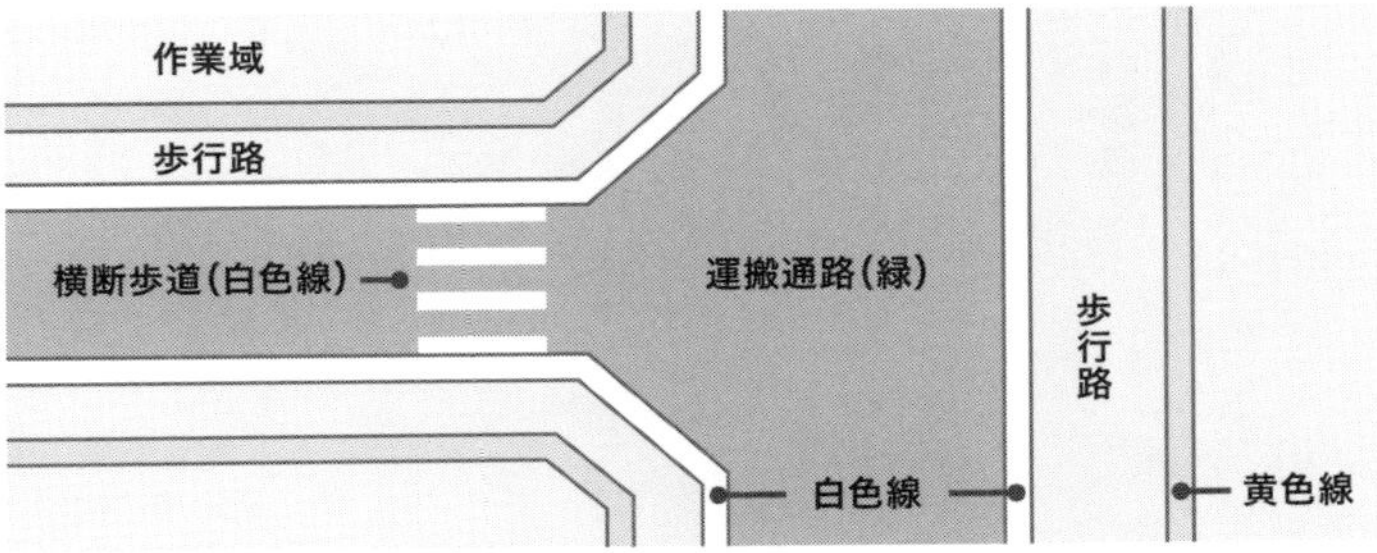

区画線は汚れ、破れやすい！　全員で整備・維持しよう

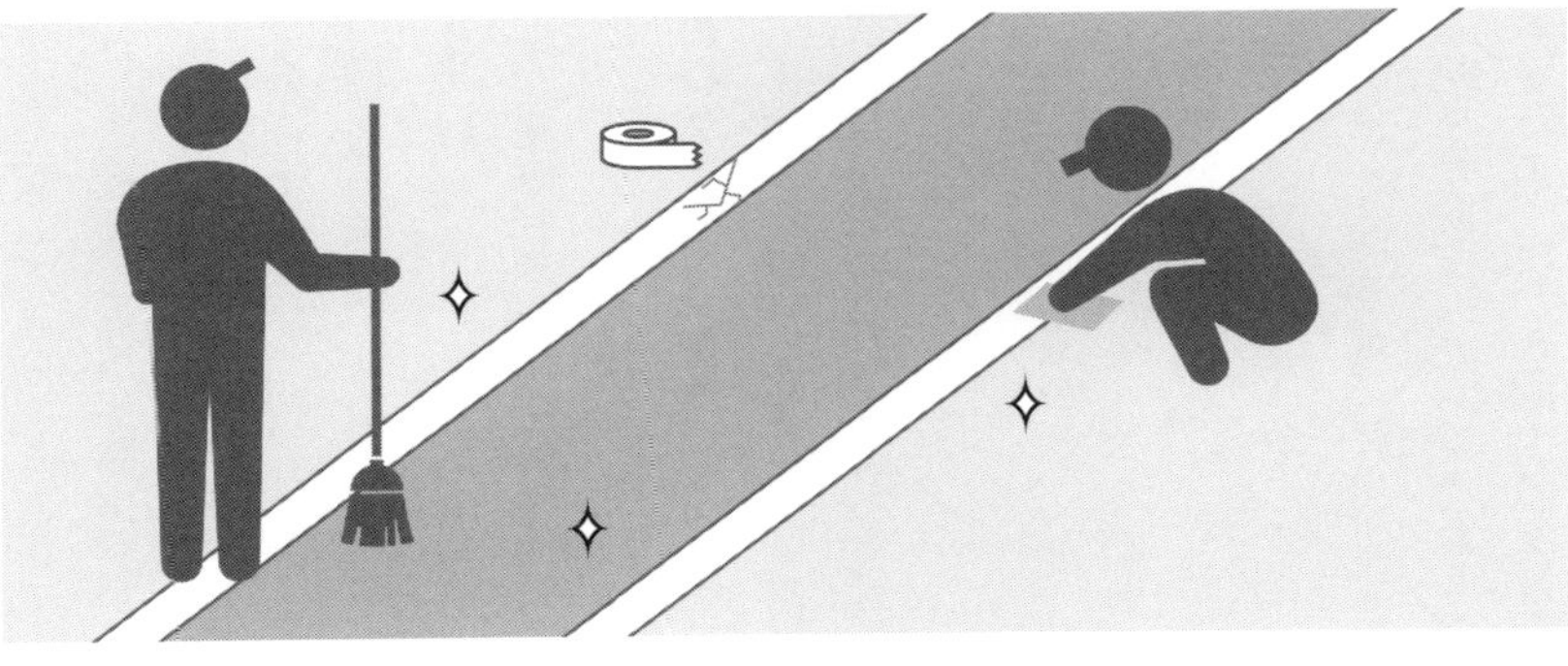

SECTION 35

倉庫はモノを保管し、送り出す場だ

倉庫の整頓の進め方

倉庫の5Sでは、保管効率や保管品質の向上、出庫効率の向上を狙う。

モノづくりの裏方である倉庫では、位置の管理を通して、保管効率や保管品質の向上、出庫効率の向上を狙います。

倉庫で効率的に入出庫するには、どの位置に何を保管するのかを明確にし、それを表示することが必要です。

倉庫内の置き方の工夫

▽収納効率を高める

倉庫の収納効率を高めるには、段ボールであれば、安全および品質上、許容される段数を設定して段積みにしたり、収納棚を設置して空間を利用できるようにします。

▽移動性の向上

特殊形状のモノや、大型サイズのモノを除き、床への直置き（ベタ置き）は避け、キャスター付きボードやパレット上に置くようにします。

これにより、製品の移動性の向上、先入れ先出しの容易化、清掃作業の容易化を図ります。

▽保管区分方式の最適化

部品などの保管方式には、主に次の2つの方法があります。収納と取り出しの効率のよいほうを選択します。

- **製品別区分**……製品の種類を基準にモノを分類して区分する方法です。
- **機能別区分**……部品や材料の種類を基準にモノを分類して区分する方法です。

繰り返し生産で、専用部品比率が大きい場合は、製品別にすると、ピッキング作業効率が向上します。

一方、個別生産で、共用部品比率が高い場合などは、機能別（部品グループ別）にすると、在庫管理作業が効率的にできます。

▽倉庫のロケーション管理

倉庫の床面を縦横に区分し、区画線を引き、所番地を明確にしてこれを表示します。

区分のための区画線のピッチは一般的には1mにし、特定のサイズのパレットや段ボールを使いたい場合は、それに合わせたピッチにするとよいでしょう。

ロケーション（所番地）設定が決まり、収納する場所が決まったら、それらがひと目でわかるように、倉庫内の配置を示したマップを作成し、掲示します。

倉庫の整頓の進め方

倉庫内の配置は「配置マップ」で明確に

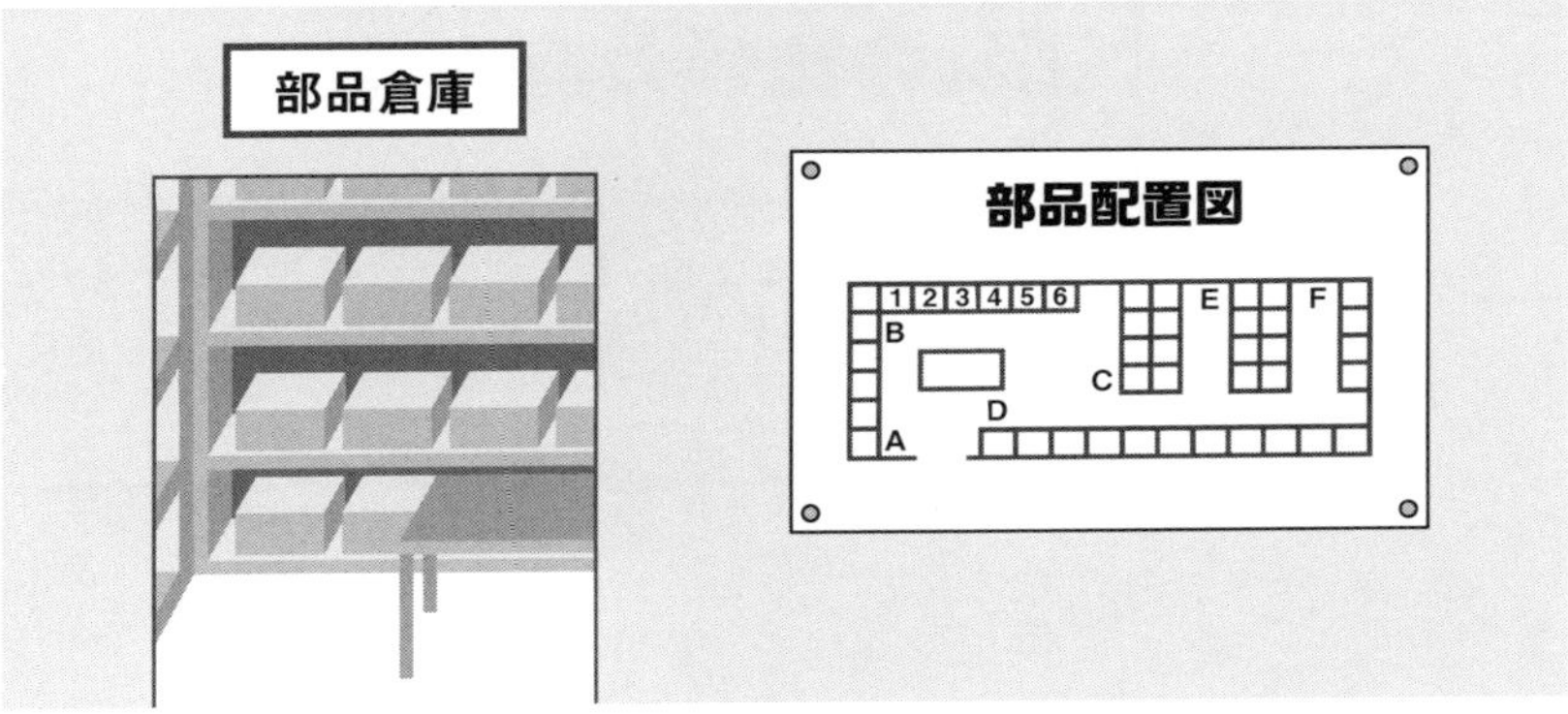

保管区分基準は生産形態に応じて工夫する

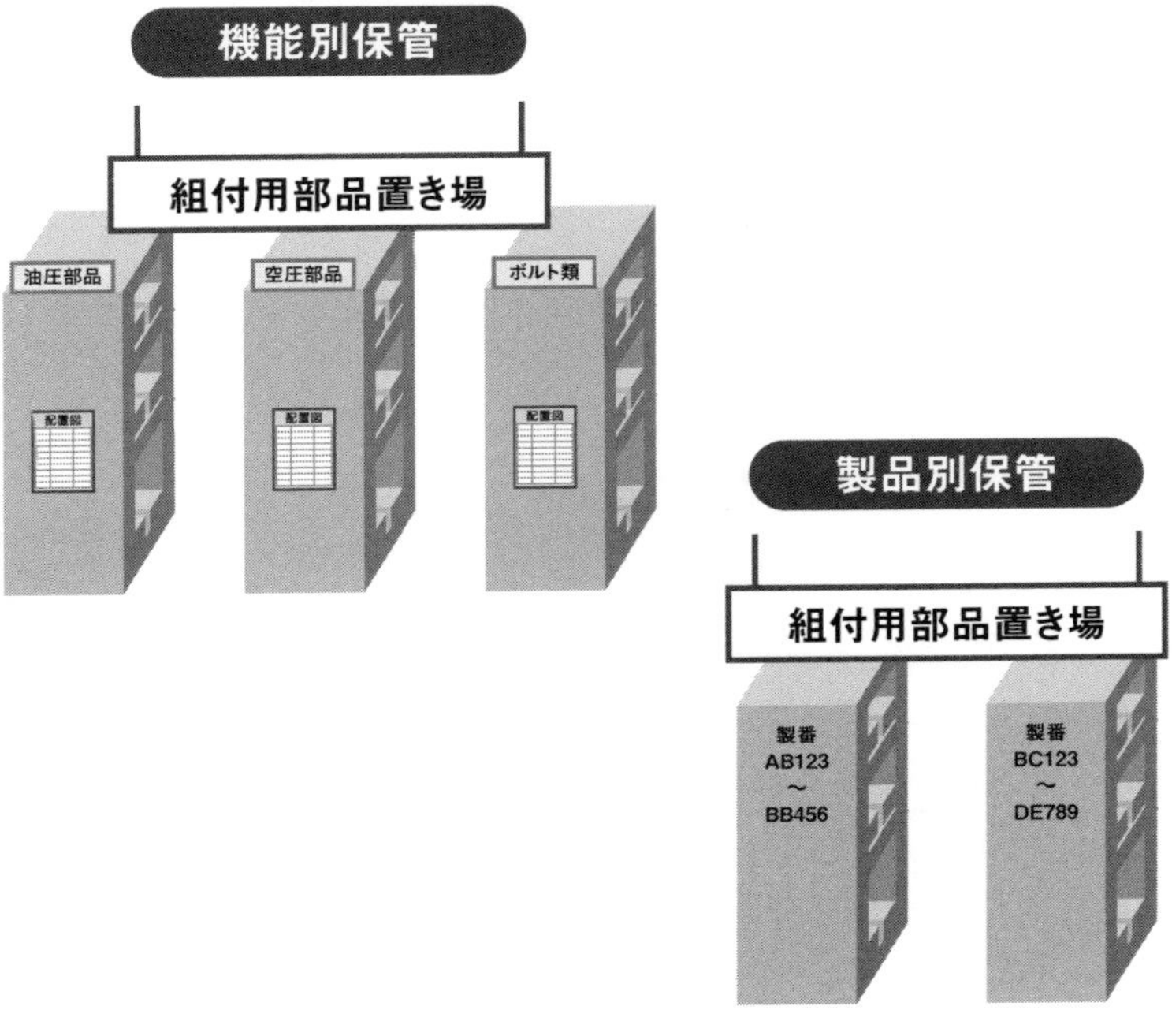

SECTION 36

加工・組立・検査には道具の整頓が肝心①

工具の整頓の進め方

作業のつど用いる工具、刃具、治具、金型、測定具。これらは「量の管理」と「位置の管理」を中心に取り組む。

作業中にもっとも頻繁に使用するモノが作業用工具です。工具の整頓では「量の管理」と「位置の管理」での整頓を進め、作業性の効率向上を狙います。

工具の「量の管理」

作業域には、使わない工具、何本も同じ工具があふれている場面がよくあります。こうしたことにより探す時間のムダを生じます。

職場や各工程、さらには担当作業での、必要にして十分な工具を明確にし、それ以外の工具は処分します（21項参照）。

工具の「位置の管理」

位置の管理のポイントは次の2点です。

①工具の最適な保管場所の設定

工具は使用頻度や用途により、保管場所を設定します。

「繰り返し作業用工具」は作業域の近くに、「段取り用工具」は職場ごとの共用棚に、「設備保全用工具」は工場の隅に、などと層別して最適な保管場所を設定します。

このような層別により、作業域の動線上の阻害物を少なくし、実質的な歩行距離の短縮化を図ります。

「繰り返し作業用工具」は、動作のロスを最小化するために、作業位置のできるだけ近くに、その使用順に場所を設定して置きます。

これにより動作距離の最小化、即ち手元化を図ります。

②工具の取り出し、戻しの容易化

頻繁に使用する工具は、取り出すとき、戻すときのたった1秒の差でも無視しないようにします。

取り出すときにはワンアクションででき、戻すときには正確に戻す位置を狙って戻すのではなく、神経を使わずにポイ入れで戻せる、といったことが動作ロスを最小化します。

動作ロスをなくすには、これ以外に、取り出すときの握りやすさや、取り出すときのつかむ向きに保管できる保管具や保管方式の採用が効果的です。

そこで、吊り下げ式、ワンタッチ式、マグネット式、クリップ式、見ずに戻すラッパ式容器など、その工具に適した保管具を決めます。

工具の整頓の進め方

工具管理の基本

- 手持ち工具の種類と本数を必要最小数にする
- 保管位置は、できるだけ手元化する
- 使用後の戻しを楽に、簡便にする

工具のワンタッチ戻しの工夫（ポイ置き）

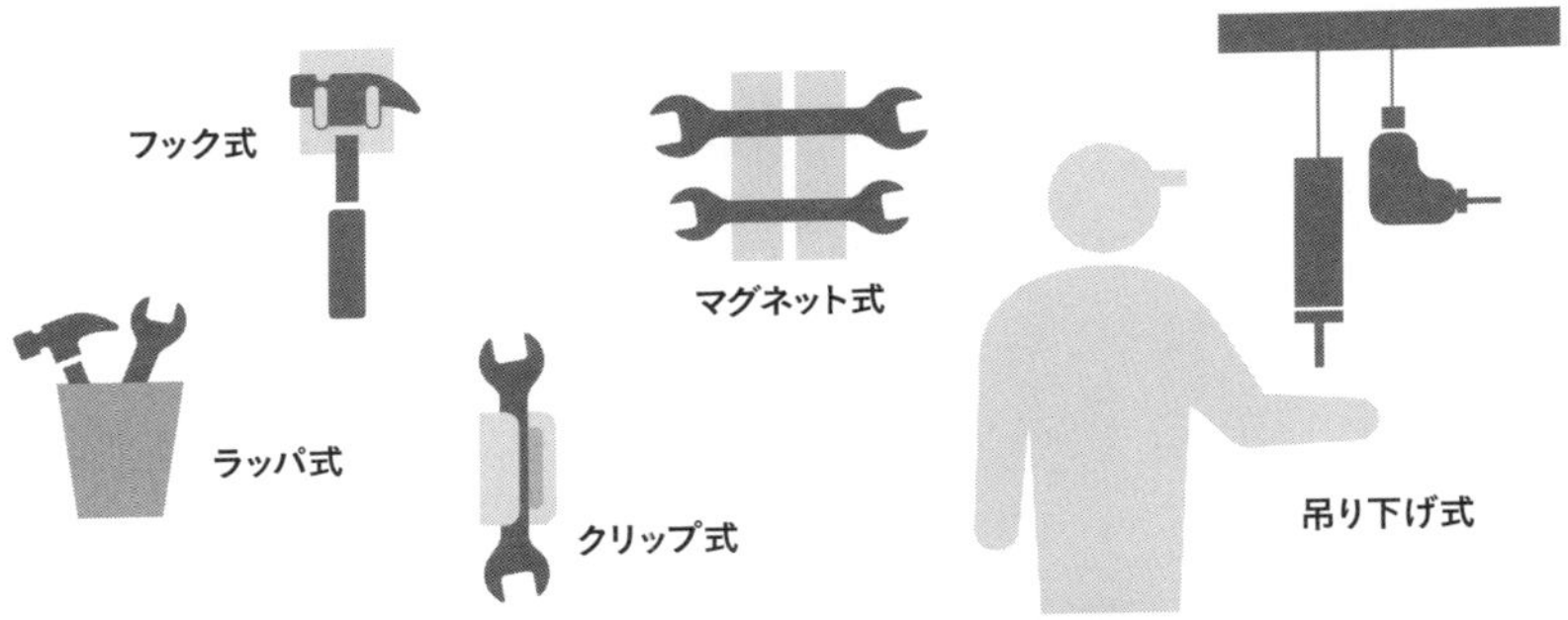

工具をなくす、減らす工夫をしよう

スパナのサイズを減らす

- **同じサイズのボルトに統一**
- **異なるサイズのボルトも頭をそろえる（特殊ボルト）**

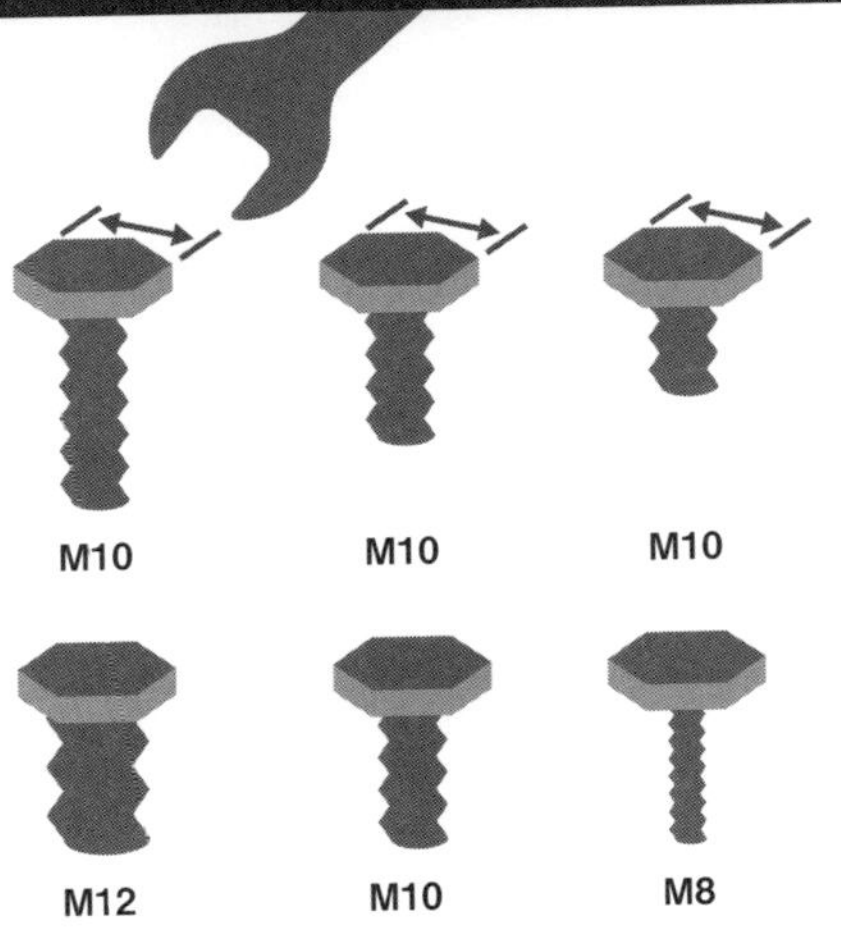

SECTION 37

加工・組立・検査には道具の整頓が肝心②

刃具、測定具、金型、治工具の整頓の進め方

作業に不可欠な刃具、測定具、金型、治工具。これらは「位置の管理」と「状態の管理」を中心に取り組む。

刃具の整頓のポイント

刃具は多くの機械で共用的に同じ種類のものが使われるケースが多いといえます。ある種の刃具を見ても、材質、サイズ、形状などの異なる数多くの刃具が使用されています。

▽刃具の「位置の管理」

刃具の保管管理方法には、工場内で使用する刃具を一括して工具室で保管する**「集中保管」**と、使用する設備ごとに保管する**「分散保管」**があります。どちらの方式が適しているか、機械や工具の種類や量を洗い出して管理方法を決めます。

設備台数が多くなると刃具の保管の重複が多くなるので、刃具の在庫数量を適正に抑えるには、集中保管が有利な場合が多いといえます。

▽刃具の「状態の管理」

欠品による生産の停止や、高額な刃具の過剰在庫を防ぐために、発注点を明示して、手配モレがない仕組みにし、自動的に購入手配ができるようにするとよいでしょう。

刃具の保管管理上の留意点としては、刃具同士がぶつかる「ガチンコ」による刃具の欠け防止策の採用や刃具の防錆対策を行ないます。

測定具の整頓のポイント

測定具では、測定品質が損なわれないように次のような保管時の工夫をします。

・**衝撃や打痕変形の防止**……戻すときに衝撃を与えないようにウレタンや人工芝の上に保管する
・**ほこりや汚れ防止**……開閉が容易な防塵カバーをつける
・**防錆対策**……油を含ませた布を敷く

金型、治工具の整頓のポイント

金型や治工具の取り付けに使用するボルトなどの部品は、プラスチックケースなどに入れて本体と一緒に保管します。

・重量のある金型、治工具などはクレーンで吊り上げられるようにスライド式の棚などの採用を検討する
・保管する棚番号などは段取り手順書に記載する
・使用後の防錆処置方法を標準化し、保管棚に掲示する
・型・治具の廃型管理を定期的に行なう

刃具、測定具、金型、治工具の整頓の進め方

ガチンコによる刃具の欠損防止の方法例

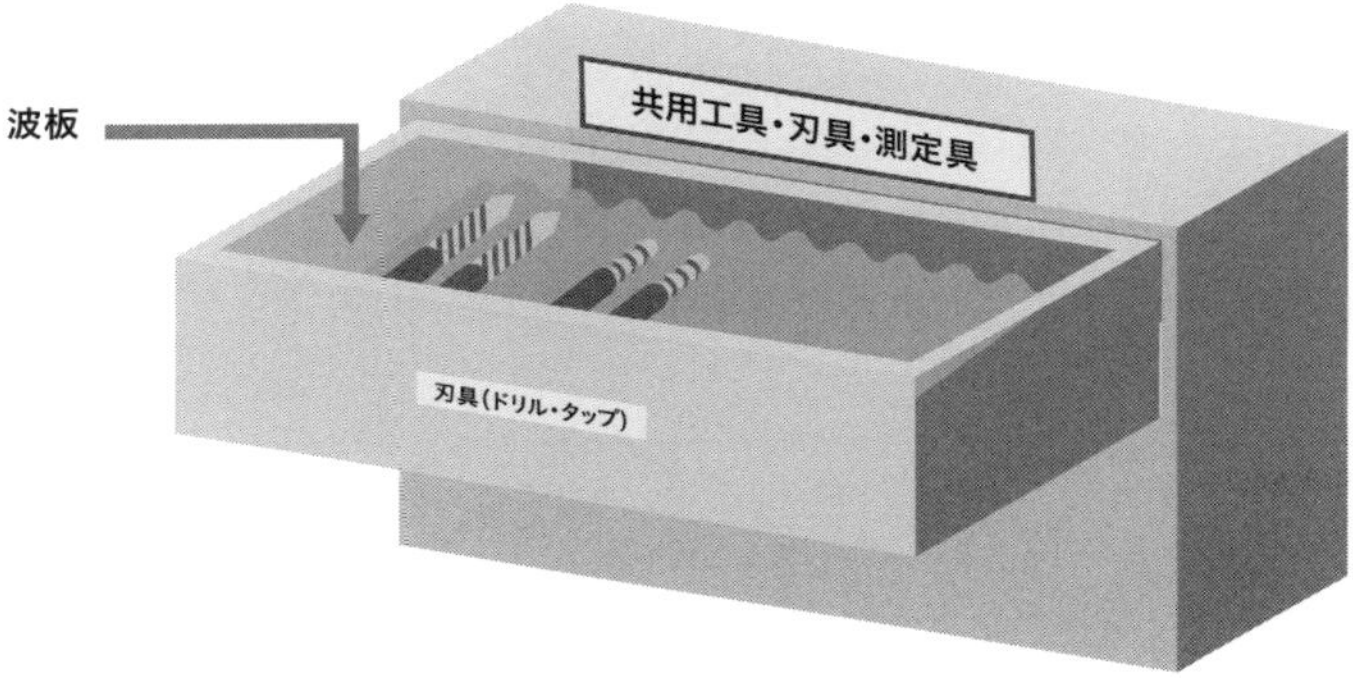

塩ビチューブ式

段取り配膳での工具・測定具などのキット化

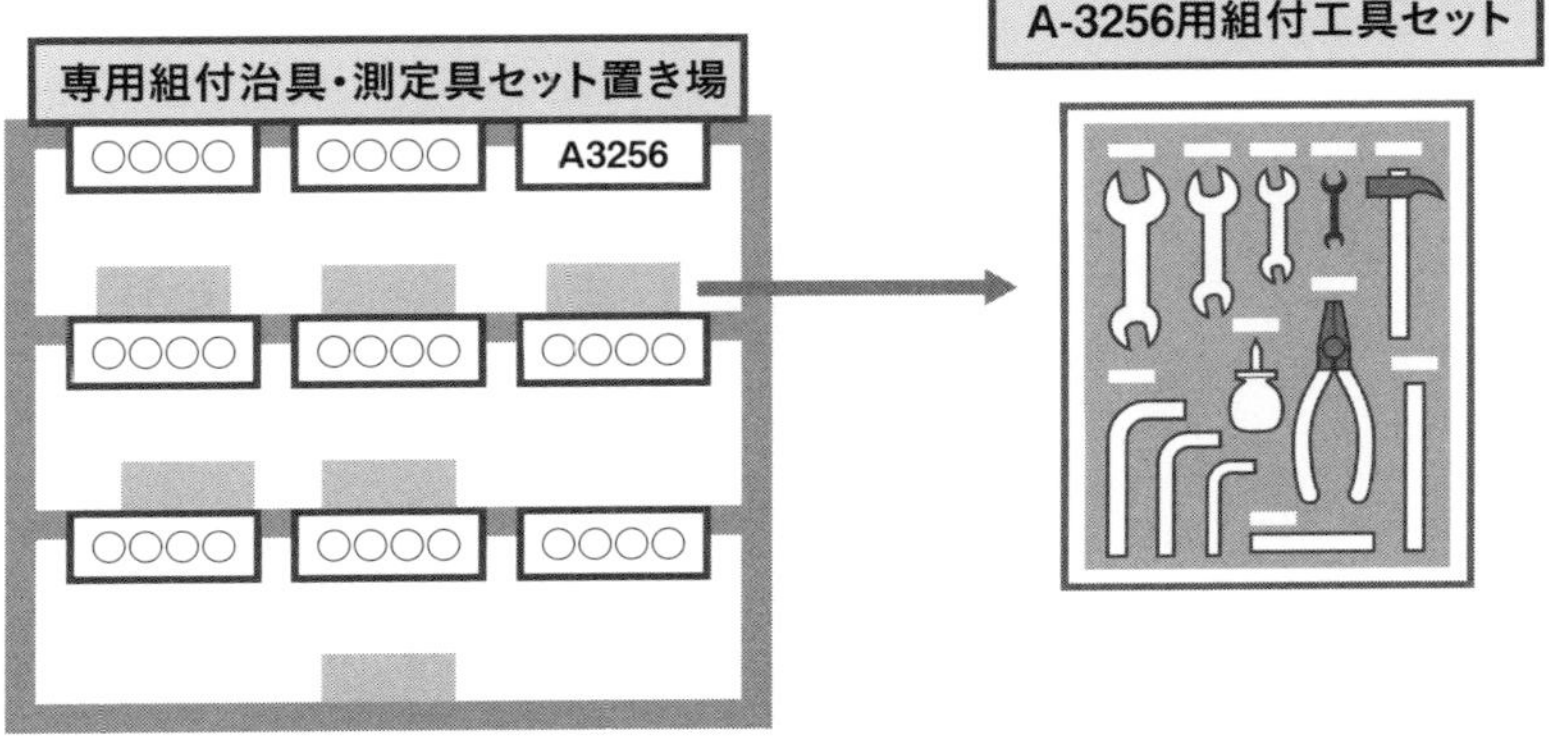

SECTION 38 先入れ先出しを実現する

材料・部品・仕掛品の整頓の進め方

材料・部品・仕掛品では、「位置の管理」「量の管理」「状態の管理」のすべてが求められる。

材料や部品の保管現場で発生するムダ

生産現場では、部品の紛失が頻発し、部品を探し回るムダや再手配のムダが発生したり、あるいは担当者が不在で部品を見つけられず仕事がストップしたため再手配したが、後で部品が発見されて過大在庫が発生した、といったことがよく見受けられます。こうしたことをどうすれば解決できるでしょうか。

保管の取り組み手順

材料・部品・仕掛品には次のような整頓への取り組みが有効です。

▽材料・部品には位置、量、状態の3種類の表示の徹底を図ります(26項参照)。

▽**先入れ先出し**……先に入庫されたものから先に出庫して、古い材料や部品が残ることを防止して、材料の品質劣化を防ぎます。

先入れ先出しは、「ここから取り出し」などの先出し側の指示表示をつけたり、保管エリアを2つに分け、片方にある分を使い切ったら他方を使用する、さらに棚への入庫は裏から、出庫は表からと出入口を分ける、などの方法で実現します。

▽**部品集結管理**……組立作業などでは、前加工や部品の準備遅れが1点でも発生すると作業が完了しません。そこで何が未集結の部品かがわかるような表示と保管方法を工夫することが有効です。

▽**配膳の管理**……組立作業や加工作業に用いる複数の部品をセットにして（キット化）作業に備えると、必要なタイミングで確実な配膳を行なえます。

このために必要配膳セット数の設定や、配膳品の保管場所の確保を行ないます。

▽**余剰品管理**……職場には余剰な現品がかなりあるものです。これらの余剰分は正規の保管場所とは別に、余剰品置き場を設置して保管し、余剰品が存在することを、正規分の保管場所に明示することが大切です。

▽**着手順管理**……ラインでの生産着手順序は計画表で示すとともに、現品でもそれが明確になるように表示して保管します。

ラインごと、工程ごとに「次作業品」「次々作業品」などの表示を、表示板または床表示で行ない、そこに原材料や部品、または仕掛品を保管します。

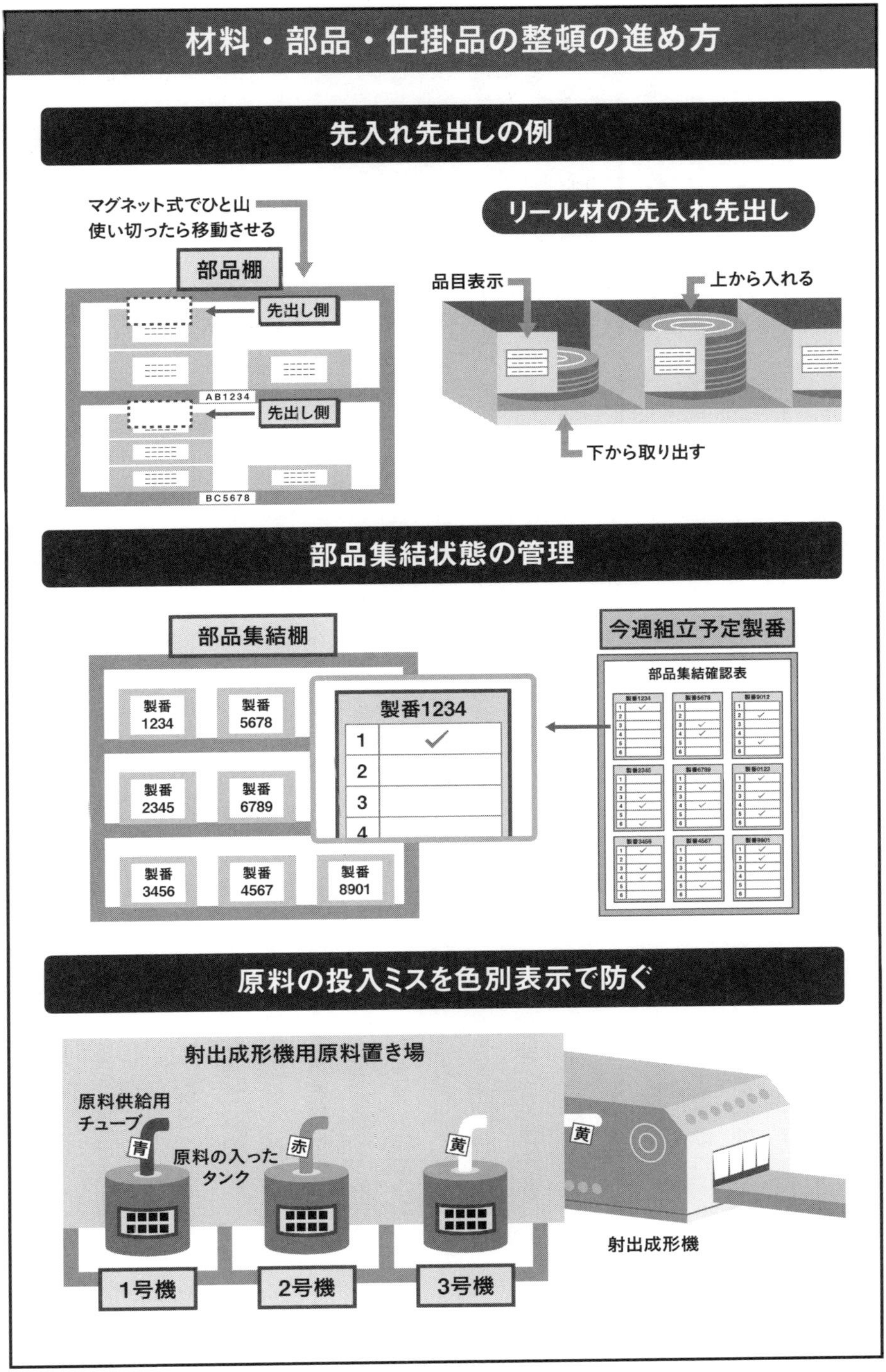
材料・部品・仕掛品の整頓の進め方
先入れ先出しの例
マグネット式でひと山
使い切ったら移動させる
部品棚
先出し側
AB1234
先出し側
BC5678
リール材の先入れ先出し
品目表示
上から入れる
下から取り出す
部品集結状態の管理
部品集結棚
製番 1234
製番 5678
製番 2345
製番 6789
製番 3456
製番 4567
製番 8901
製番1234
1
2
3
4
今週組立予定製番
部品集結確認表
原料の投入ミスを色別表示で防ぐ
射出成形機用原料置き場
原料供給用
チューブ
青
原料の入った
タンク
赤
黄
黄
射出成形機
1号機
2号機
3号機

SECTION 39

サイズ、形状、使用頻度に応じた保管方法の工夫

副資材・間接材料の整頓の進め方

種類が多く、また形状的にも扱いにくい副資材。整頓は現場の知恵でつくり上げる。

包装・梱包資材の整頓のポイント

包装・梱包資材には包装紙、段ボール、ビニール紐、ガムテープなどがあり、これらは対象製品の特性に応じて種類、形状、寸法がマチマチで、取り扱い性も悪いものが多いといえます。これら資材の使用時の利便性を高めるために、次のような整頓面での工夫が求められます。

▽所定の保管位置を設定する

・包装・梱包資材は取り置きが多く、かつその使用状況が一定ではないため、ポイ置き防止のためにも、保管位置を明確に設定する

・使用ポイントの近くで手を伸ばせば届く位置に、種類の識別をしやすい表示をして保管する

▽保管状態からの取り出し性をよくする

・所定の保管具からワンタッチで取り出したり戻せる収納具を検討する

・紐やテープなどは、紐部やテープ部を、直接たぐり出して使える保管具を採用する

・段ボールなどは縦置きにして、必要な品番を容易に取り出せるようにする

・紐やテープなど切断して使用する資材は、カット工具とセットで保管する

▽欠品や過大在庫を防止する

・部品などと同様に、発注点方式を採用する

・残量が確認できる透明な容器などに収納する

・補充分は作業域とは別に保管し、これも発注点管理で量の管理を行なう

油類の整頓のポイント

▽位置の管理を明確に行なう

油類は種類が多く、取り違えたりすると大きなトラブルになるので、次のような整頓を進めることが大切です。

・油種ごとに識別色を決める

・ドラム缶などの保管容器や、小分け容器、注入具等に油種別の色表示をする

・給油口に該当の油種の色表示をする

▽発注点管理を行なう

消耗品である油類は、在庫量の管理のために、油種の特性に合った発注点管理方式を工夫するとよいでしょう（左図参照）。

副資材・間接材料の整頓の進め方

梱包資材の整頓の例

油類の発注点管理の例

油種の色別管理の例

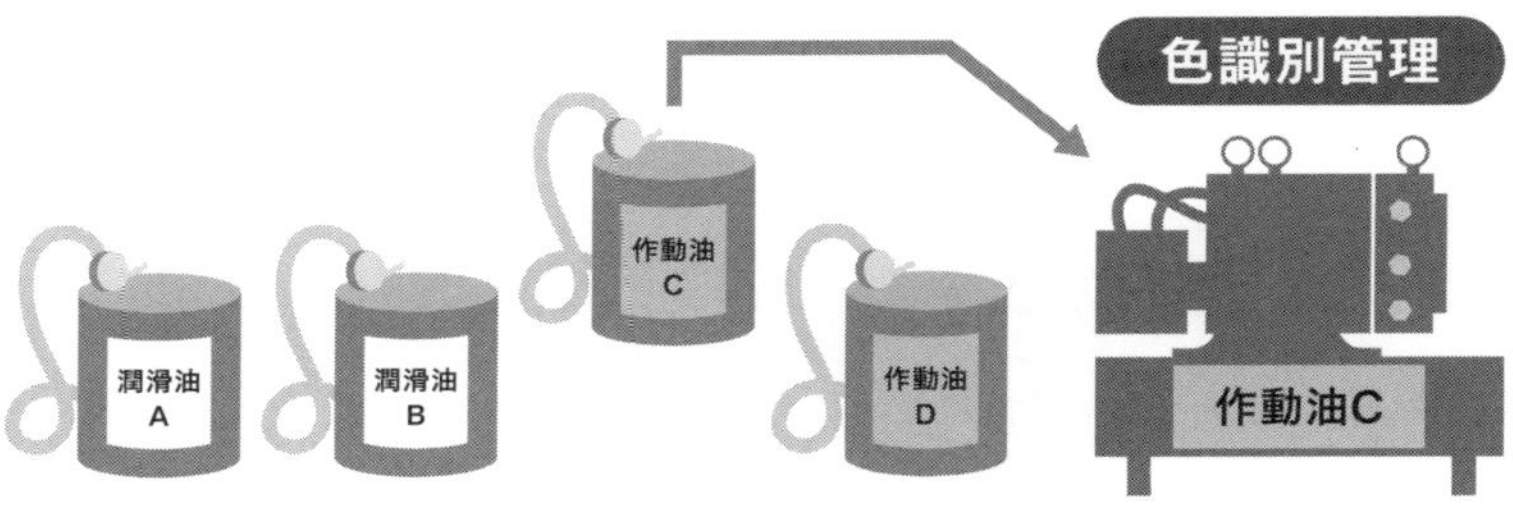

表示板や容器などにカラーマークで表示する。例えば、潤滑油は赤、作動油は青、切削油は黄などとカラーを決めて貼っておく

SECTION 40

良品・不良品の取り違え、混入などをなくす

不良品・手直し品の整頓の進め方

品質に直結するのが不良品や手直し品の取り扱い方。ISO9001でも検査状態や良品・不良品の識別が要求されている。

異常品や検査状態で識別して整頓

▽**異常品の識別**……現場にはいろいろな内容、状態の異常品があります。「不合格品」「不良品」「不具合品」「手直し品」「廃棄品」「保留品」「返却部品」などです。

これらの異常品が正常品に混入したり誤使用されると品質不具合を生じ、検査をすり抜け、外部に流出すると品質クレームとなります。

整頓ではこれらの異常品を確実に識別することが大切であり、そのために明確な表示基準を設定したり、色分け容器の採用などを行ないます。

例えば、保管容器の色を不良品は「赤」、手直し品は「黄色」、判定保留品は「青」、再検査品は「橙」などと決めて表示します。

▽**検査状態の識別**……検査工程の前後には「検査待ち」「検査中」「合格品」「不合格品」などの現品（仕掛品）があります。

整頓ではそれぞれの状態が明確にわかるような表示をします。またお互いに混ざることのない保管具などを用いて、確実な検査の実施と合否判定後の取り扱いを行ないます。

不良品・手直し品管理の例

▽**色別管理**……作業ミスはちょっとした勘違いや思い込みで発生するケースが多いといえます。これらを防ぐために、色別の識別表示は有効です。

▽**セット化**……製品ごとの組付部品の種類や点数が多い組立作業では、組付モレや誤選択などの問題が起きます。

そこで段取り準備時に、必要な種類と数が明確にできる収納具でのセット化が有効です。

▽**不良品などの処置ルール化**……廃棄や手直しの処置ルールを決めて、発生した不良品・手直し品を溜めないようにします。

例：作業現場で生じた不良現品は、日に2回、担当者が不良要因別に集計後、班長が廃棄品・手直し品・保留品に分け、所定の置き場に移動する

▽**不良品のさらし**……不良品はその後の作業時の反省材料です。不良品は「さらし台」を設定して、そこに一定期間開示し、品質不良に関する情報を共有化すると有効です。

不良品・手直し品の整頓の進め方

不良品の整頓（扱い方）の基本

- 不良品置き場を明確に決める
- 不良品置き場の区画線、不良品箱は赤色などで目立たせる
- 不良品置き場は通路に面した場所に設置する
- 不良品と判明したら、仮置きせずに不良品箱に入れる
- 不良品箱の中の不良品は、溜めないで処置を迅速に行なう

不良品は
本人の反省材料だ！
他の人には、気づきを
与える教材だ！

不良品は溜めないこと。迅速に処置することが大事

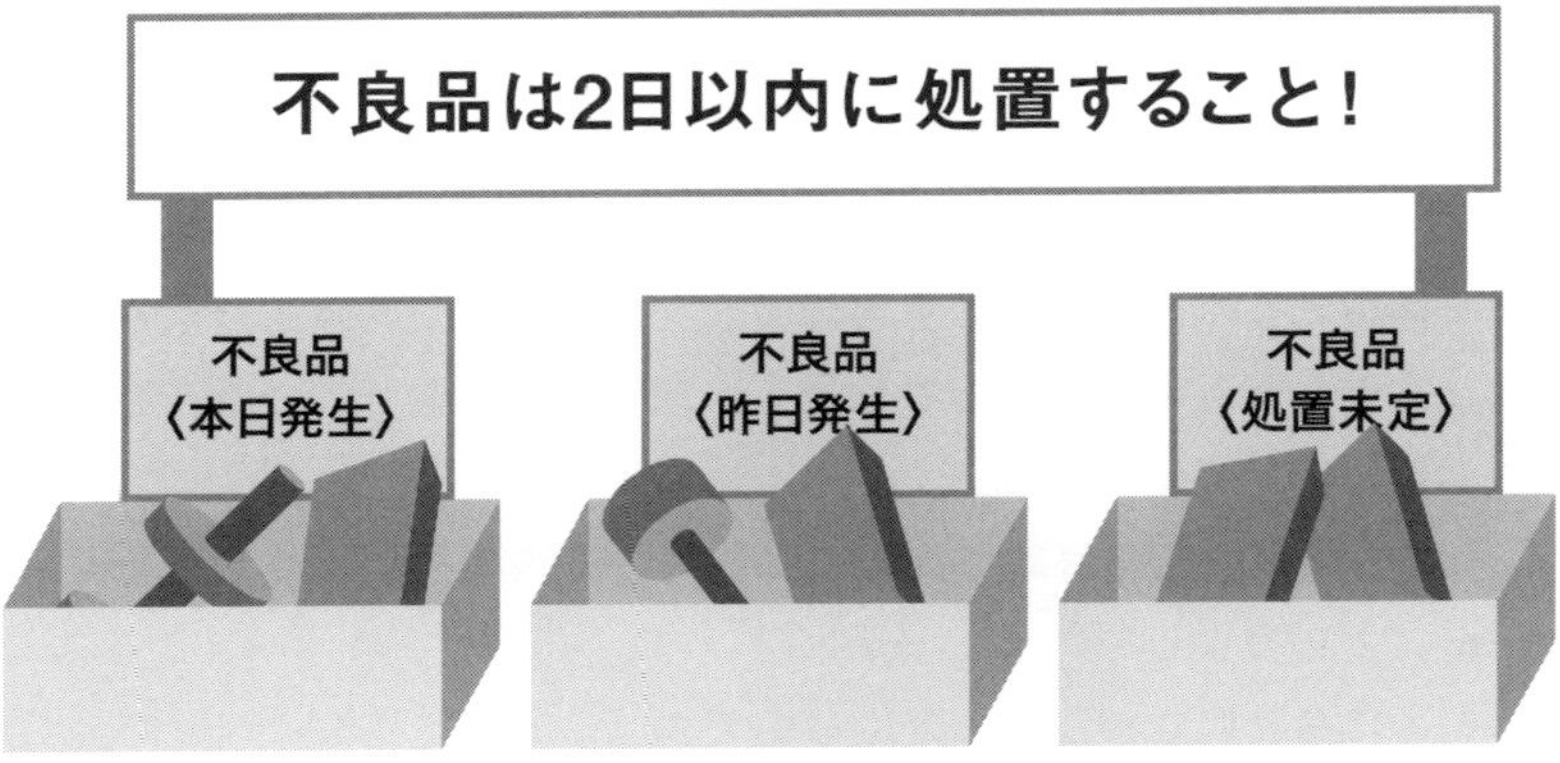
不良品は2日以内に処置すること！
不良品〈本日発生〉
不良品〈昨日発生〉
不良品〈処置未定〉

COLUMN 05

5Sの神は細部に宿る

「神は細部に宿る」という言葉があります。これは「美術品や建築物、技術などは、一見しただけではわからない細かい点、ディテールこそが作品の本質を決定するので、何ごとも細部まで心を込めなければならない」という意味で使われています。

このような芸術活動やモノづくり活動などへの取り組み姿勢は、細部まで徹底してつくり込む気質を持つ日本人の得意とするところです。芸術活動では、精緻な実物写生の作風が近年再評価されている伊藤若冲の作品世界は、細部まで心を込めた独自のものといっていいでしょう。

モノづくりの世界で細部といえば、製造現場での作業や業務の実施に大きな影響を及ぼす、モノに関する整理・整頓・清掃などの基礎づくり活動である「5S」があります。このモノのあり方を細部まで徹底的に追究する5S活動が、日本の高度成長時代にモノづくりの効率化を推進した原動力のひとつになりました。

5Sの内容の徹底度や完成度の高い改善先進企業は、整理・整頓・清掃のそれぞれの活動において、自社の工程や製品・材料に適した工夫を重ね、実に精緻な仕組みや道具立てをつくっています。まさに「神は細部に宿る」を体現しているのです。

例えば次のような例があります。

・工具の保管方法を、単に決まった位置に型彫り式などで平らに置くのではなく、工具の把握部が斜めになるように傾きをつけておき、使用者がすぐにつかめるようにしている

・外から残量を確認できない主容器に入った潤滑油などで、発注点方式を採用する場合に、その主容器の油を使い切った時点を発注点到来とし、その時点で発注点分の油量を、別容器に保管しておいたものを主容器に移して使用する

・清掃の完璧さを徹底的に高め、工場内の通路を裸足でも歩けるくらいにピカピカにしている

まさに5Sにも神が宿っているのです。

「清掃」の
考え方と進め方

SECTION 41

清掃の狙いと効果

清掃は全員で分担して、短時間に効率的に行なうことが大切だ。そのために目的志向で清掃の進め方を検討する。

なぜ清掃活動が低調なのか

清掃が効果的に進められていない現場は数多くあります。その要因には次のような点があります。

・「清掃は面倒くさい。できればやりたくない」という、清掃そのものに対して気持ちの距離感を持つ人が多い

・清掃作業をレベルの低い仕事、余分な仕事と捉えている。また清掃は仕事の効率化に直接結びつかないと思い、無関心で積極的に取り組まない、他人任せの気持ちを持っている人が多い

・汚れる仕事なので、できれば避けたいと思っている

清掃作業の必要性

工場は「汚れ物質の生産工場」ともいえます。加工をすれば油などが飛び散り、梱包作業をすれば作業くずが床に落下します。設備も床も建屋も、さらに保管してある材料・部品も、清掃を怠れば工場内の汚れ物質である、ごみ、ほこり、油などにより汚れが進行します。

外面的に汚れるだけではありません。設備の可動部や摺動部から汚れ物質が入り込み、設備の故障を誘発したり、設備性能を低下させたり、品質不良を発生させたり、安全衛生上の問題などを発生させたりします。

したがって、汚れ物質による悪さを除くためには清掃が欠かせません。

このような清掃は、大切な仕事の一部であるという意識を全員が持ちつつ、分担して、かつ決められた清掃時間内で効率よく行なうことが大事です。

清掃の期待効果は広い

清掃が十分にできていると、次のような面の効果も生みます。

・５Ｓの効果である、快適で安全で誇れる職場を実感でき、５Ｓの推進意欲が高まる

・「清掃は点検なり」という。清掃の徹底により設備保全が進み、設備故障の予防を実現できる

・外部（お客様）からも、５Ｓをやっていることを認めてもらえる。設備や床などをきれいにしているだけでなく、材料や部品などの汚れがないことで、品質への信頼性も高まる

清掃の狙いと進め方

清掃は愛する会社・誇れる会社にする

清掃ができていると

- 従業員もうれしい……快適で、安全で、誇れる職場で働ける喜び
- 従業員の満足度が高まり、労働意欲が高まる
- 高い労働意欲は、顧客満足度の向上を実現する

清掃は生産性を高める

清掃ができていると

- 品質が高まる……材料、製品への異物混入が減る
- 安全が高まる……足元が整理され、転倒なども減る
- 生産性が高まる……設備故障が減り、事故も減り、人的および設備稼働率が高まる

清掃は会社の評価を高める

清掃ができていると

- お客様は、行き届いた清掃状態を見て、「この会社はいい仕事をするぞ!」と評価してくれる
- 顧客満足度が高まると、会社のファンが増え、売上げ増大につながる

SECTION 42 清掃にも効率的な手順がある

清掃の手順と道具の整備

全員で分担して短時間で効率的に行なうために、清掃の手順を明確にする。

清掃の推進手順

5Sは改善活動ですから、効率的かつ効果的に5Sとしての清掃を進めることが大切です。

そのため、次のような手順で清掃活動を展開するとよいでしょう。

①清掃道具の整備

まず道具（清掃具）の不足や破損している清掃具の補充や見直し、整理・整頓から始めます。そして掃除用具置き場や収納ロッカーなどを職場の活用しやすい位置に設定します。

②初期清掃（大掃除）の実施

現場によって清掃の状況は異なります。日頃、手が回らない清掃箇所を中心に「大掃除」を実施します。これにより現状の清掃不徹底箇所の汚れを、徹底的に除去します。

初期清掃のときに次の点も合わせて点検し、清掃の改善につなげます。

・慢性的、繰り返し的な汚染箇所を洗い出し、汚染箇所リストとしてまとめる（46項参照）

・清掃道具の置き場、道具の過不足など、清掃道具の状況を点検する

③清掃方法の設定

効率的な清掃方法を決めます。効率的な清掃方法としては、「いつ」「誰が」「どこを」清掃するかの清掃体制を決めます。

毎日清掃、毎週清掃、毎月清掃、一斉清掃など清掃の実施方法を層別して効率的に進めることが大切です（43項参照）。

次に汚れの実態や清掃作業の効率性を考えて、5W1Hで望ましい清掃手順（ルール）や分担を設定します。

④日常清掃の実施

日常清掃ルールに従って実施します。日常清掃の実施結果は記録に残すようにします。これにより日常清掃をPDCAで管理できて、確実な定着化につながります。一斉清掃も清掃ルールに従い、効率的に行ないます。

⑤汚染源対策の実施

日常清掃が定着化した時点で、汚染源対策に入っていきます。汚染源対策は「汚れたから清掃する」から、「汚れない職場」を目指して、清掃作業を軽減する前向きの「予防的清掃活動」です。

清掃の実施手順

① 清掃用具の整備	清掃用具の棚卸をして必要な清掃用具を決定する。そして清掃用具の収納方法を決める
② 一斉清掃	大掃除のように日時を決めて、普段、手の届かない場所まで徹底的にきれいにする
③ 日常清掃ルールの設定	[どこを、誰が、いつ、何分で、何を使い、どのように]などの清掃ルールを決める
④ 日常清掃の実施	日常清掃ルールに従って実施し、実施後はチェック表で管理する
⑤ 汚れの発生源対策	常に汚れる場所を特定し、汚れの根源を断つための工夫や改善を行なう

SECTION 43 清掃の取り組み体制を考える

清掃体制をつくる

効率的に清掃を進めるには、重点志向で、清掃の進め方に緩急をつけることが大切だ。

効率的かつ定着化した清掃を実施していくには、清掃の実施パターンを全社的に標準化します。以下は清掃を4種類のパターンに分けた例ですが、これは自社の汚れの発生状況などにより、カスタマイズしていくといいでしょう。

とくに清掃時間は、職場ごとの業務の状況や勤務体制を判断して決めますが、基本は職場全員が協力して行なえる時間帯にすることです。

清掃体制の例

①日次清掃

毎日の汚れを効率よく清掃します。

- **清掃時間の設定例**：多い例としては毎日、始業や終業前後の5分程度を充てる
- **清掃内容の例**：作業域の床、機械の操作部など、毎日使う設備・工具やその置き場などの清掃。床掃き掃除で、異物落下、油モレなどの異常の有無を確認

②週次清掃

普段手が回らない箇所の清掃作業です。

- **清掃時間の設定例**：毎週末の始業や終業前後20分程度を清掃時間に充てる
- **清掃内容の例**：日次清掃に加えて、機械の正面部分の清掃、ワゴン、共用棚、床、窓の清掃や区画線などの補修　など

③月次清掃

- **清掃時間の設定例**：毎月末の始業や終業前後40分程度を清掃時間に充てる
- **清掃内容の例**：週次清掃に加えて、担当の機械の全体の清掃、やり残した場所の清掃、屋外清掃　など

④一斉清掃

- **清掃時間の設定例**：年に数回（年末、夏休み前など）、全社一斉に4時間程度を清掃時間に充てる
- **清掃内容の例**：月次清掃に加えて、工場内外のすべての共有の場所、日頃、清掃できない場所（高所の窓など）

その他の清掃体制

日常清掃のレベルアップのために、次のような清掃活動を行なうと効果的です。

- **公開清掃**……清掃を相互に公開して行ない、効率的な清掃方法を共有する
- **モデル清掃**……清掃の進展が思わしくないときは、特定の職場を決めて清掃方法の研究を行ない、その後、他の職場に横展開していく

清掃体制をつくる

全員で分担して清掃をする

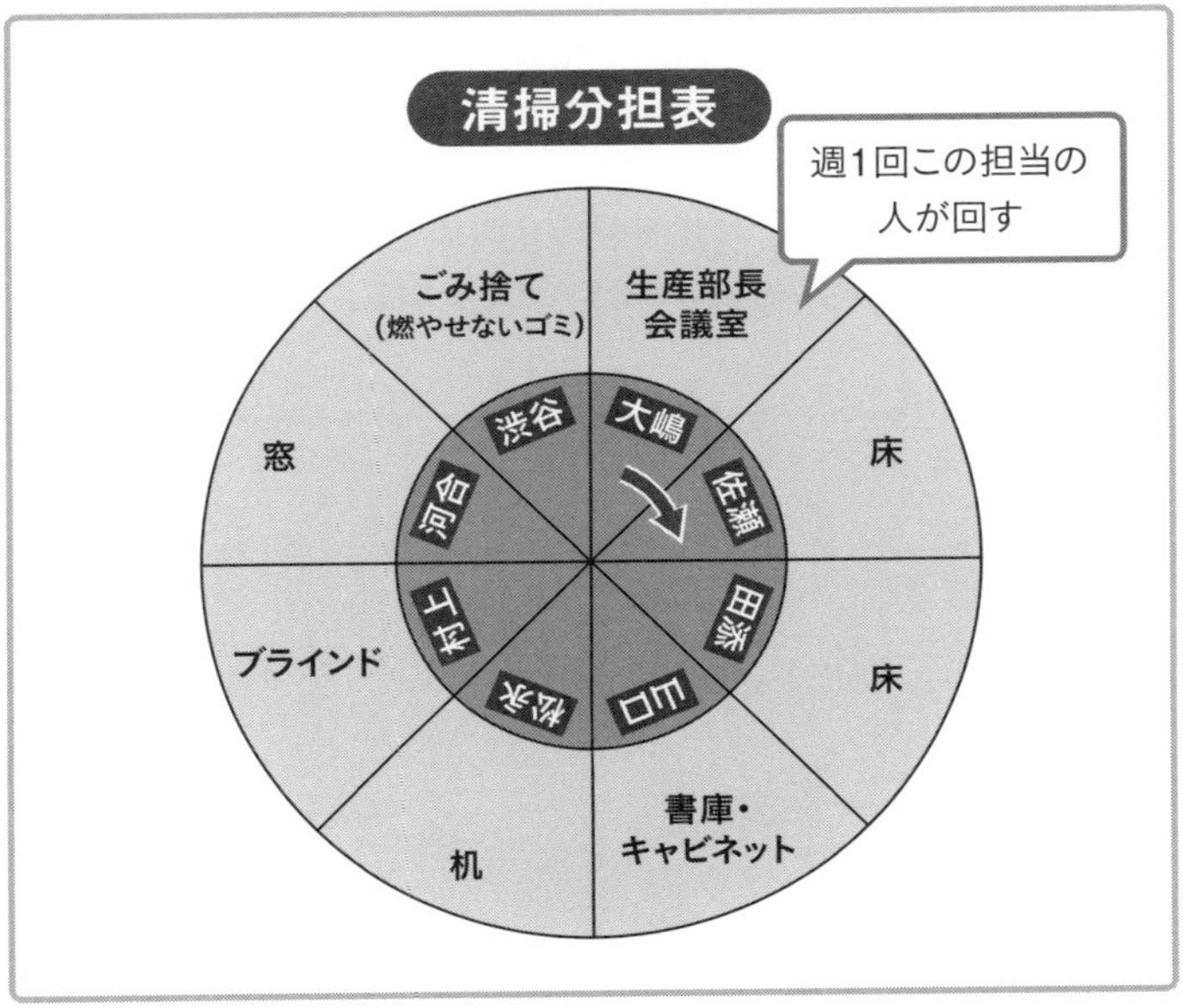

清掃用具も清掃作業の効率化に欠かせない

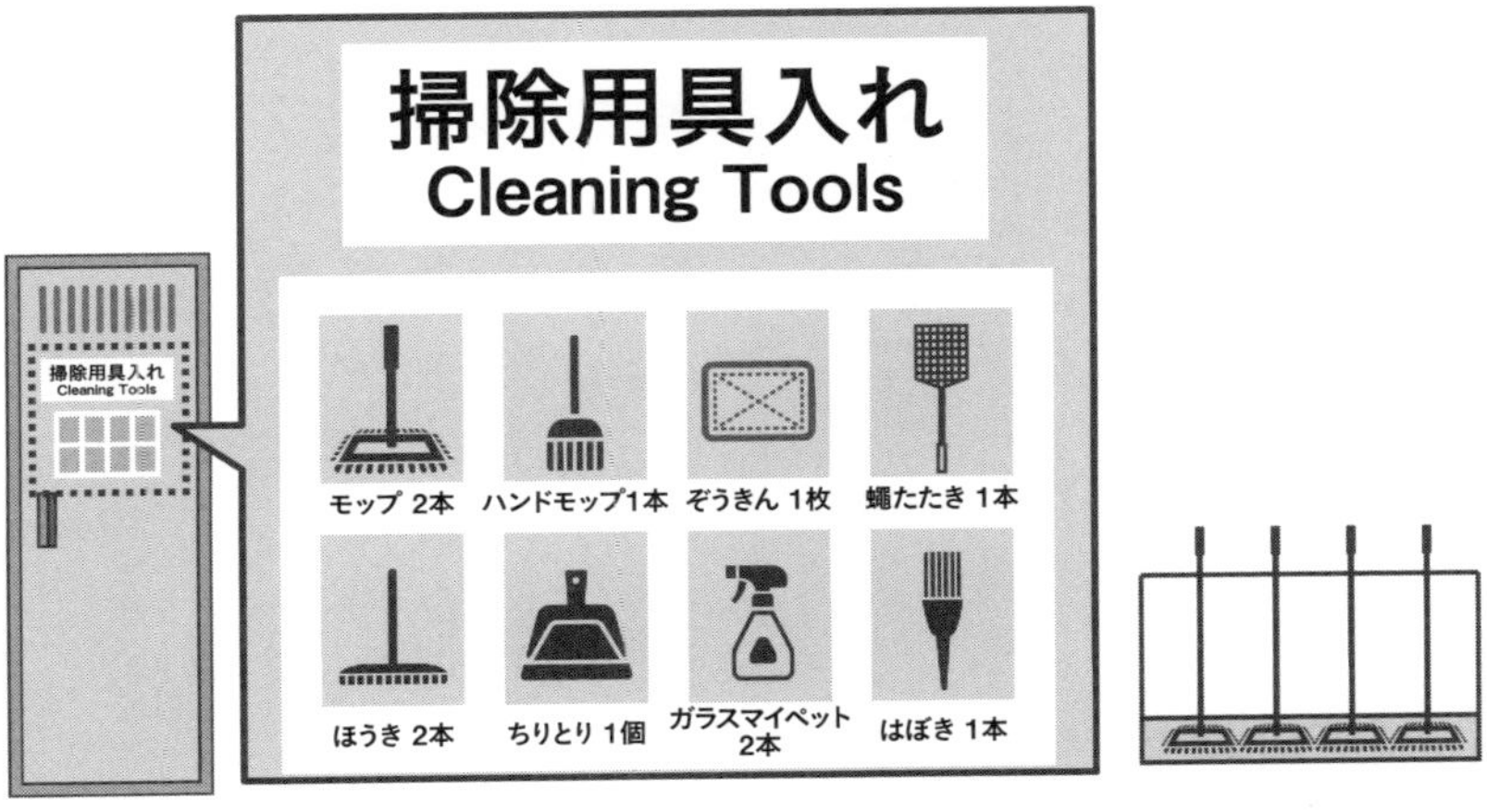

SECTION 44

「頑張ろう！」から「こうやるんだ！」へ

清掃ルールのつくり方

５ＷＩＨで具体的な清掃のやり方を標準化することで、効率的な清掃方法が定着する。

「みんなでやろう」「きれいにしよう」という掛け声だけでは、清掃の効果的な実施や維持はできません。

清掃体制が決まったら、それにもとづく具体的な清掃の実施方法を決めます。

実施の方法が決まっていないと、清掃作業は中途半端なものになり、清掃の効果も出ません。

清掃ルールは、「清掃の方法についてのルール」と「清掃の分担についてのルール」の２つの面を明確にします。

清掃方法のルール化

確実に、効率のよい清掃作業を行なうためには、短時間で清掃できるように、次の項目について清掃ルールとして明確に設定します。

・**どこを**……清掃対象場所を設定します。

汚れが強い箇所は個別に対象箇所を取り上げて、以下の「どのように」を明確にルール化するとよいでしょう。

・**誰が**……清掃の担当者を明確にします。

清掃作業の負担ができるだけ公平になるように、清掃分担を別途決めます。

・**いつ**……清掃の実施タイミング（実施の曜日や清掃時刻）と、清掃時間（清掃にかける時間）を設定します。

清掃の実施タイミングは、それぞれの職場の作業の忙しさや、職場の従業員の勤務実態を配慮して決めます。

・**どのように**……汚れの程度がひどい箇所や清掃しづらい箇所、また徹底した清掃が必要な箇所などについては、清掃のやり方を具体的に決めます。

清掃のやり方としては、清掃手順、清掃の急所、使用する道具や使用する洗剤とその量などを具体的に決めます。

・**清掃記録**……清掃の実施結果の記録方法を決めます（「清掃実施記録表」などの記録方法の設定など）。

清掃分担のルール化

清掃は全員で公平に、清掃作業を分担して行なうようにします。

そのために清掃分担の順番を職場内で打ち合わせて、職場でのルールとして実施します。

このルールは職場の全員に周知できるように、「清掃分担表」を作成し、職場に掲示します。

清掃ルールのつくり方

清掃ルールの例

	清掃箇所 （どこを）	清掃方法 （どのように）	清掃日時 （いつ・どのくらい）		担当者 （誰が）	1 月	2 火	3 水	4 木	5 金	6 土
1	材料倉庫 （床）	掃き掃除、 モップかけ	毎日	朝礼後 10分間	山田	○	○	○	○	○	
2	材料倉庫 （ラック・台車）	油の拭き取り、 モップかけ	水曜日	17:00〜 17:15	佐々木			○			
3	通路	掃き掃除、 モップかけ	毎日	朝礼後 10分間	石田	○	○	○	○	○	
4	受入検査場	掃き掃除、 モップかけ	毎日	朝礼後 10分間	菊池	○	○	○	○	○	

清掃ルールを守って
効率よく清掃しよう！

SECTION 45

「清掃は点検なり」の心で進める

設備清掃の進め方

設備を快適に使えて、設備の故障を予防することを狙いに設備清掃の方法を検討し、決めることが大切だ。

設備清掃の狙い

清掃の対象のひとつとして、生産の中心にある設備の清掃があります。

設備清掃の狙いは大きく分けて、次の2つがあります。

・設備を快適に使用できる……製造作業の多くは設備を取り扱い、操作して作業をしています。

この設備の清掃が行き届いていると快適に扱えるだけでなく、油汚れによる操作レバーの滑り、作業台上の油汚れによる滑り転倒なども防げ、ヒューマンエラーの防止にもなります。

・設備故障を予防する……「清掃は点検なり」といわれます。清掃作業を行なうということは、「設備に近づき、機械の隅々まで見る」「機械に触れる」「機械の音を聞く」ということになります。

これにより、設備故障の予兆としての異常発熱や振動（モーターやその近く、回転部の軸受けの近くなど）、モーターや可動部の回転音や作動時の異音、また食品工場などにおいては、シュート部などでのビスなどの緩みや紛失などを知ることができ、製品への異物混入の早期発見や予防ができます。

すなわち清掃作業を行なうこと自体が、故障や不良発生の予防保全になります。

設備清掃の進め方

設備清掃は次のような手順で進めます。

①対象の設備ごとに、設備の稼働によって生じる汚れの発生個所や、発生状況を把握します。

②対象の設備ごとに、設備に必要な保全箇所と保全項目、保全条件を把握します。

③対象の設備ごとに、清掃・点検基準書を作成し、設備清掃の確実な実施ができるようにします。それとともに設備の清掃・点検箇所がひと目でわかる「設備清掃・点検マップ」を作成して、その機械に表示しておきます。

④清掃・点検を行なう際にモレなどがないように、**「設備清掃点検チェックリスト」**を作成するとよいでしょう。チェックリストは、日次、週次、月次などの清掃作業の層別に合わせて作成します。

⑤設備点検結果の残し方を決めます（**「設備点検記録表」**などの作成）。

設備清掃の進め方

設備保全マップの例

保全点検一覧図

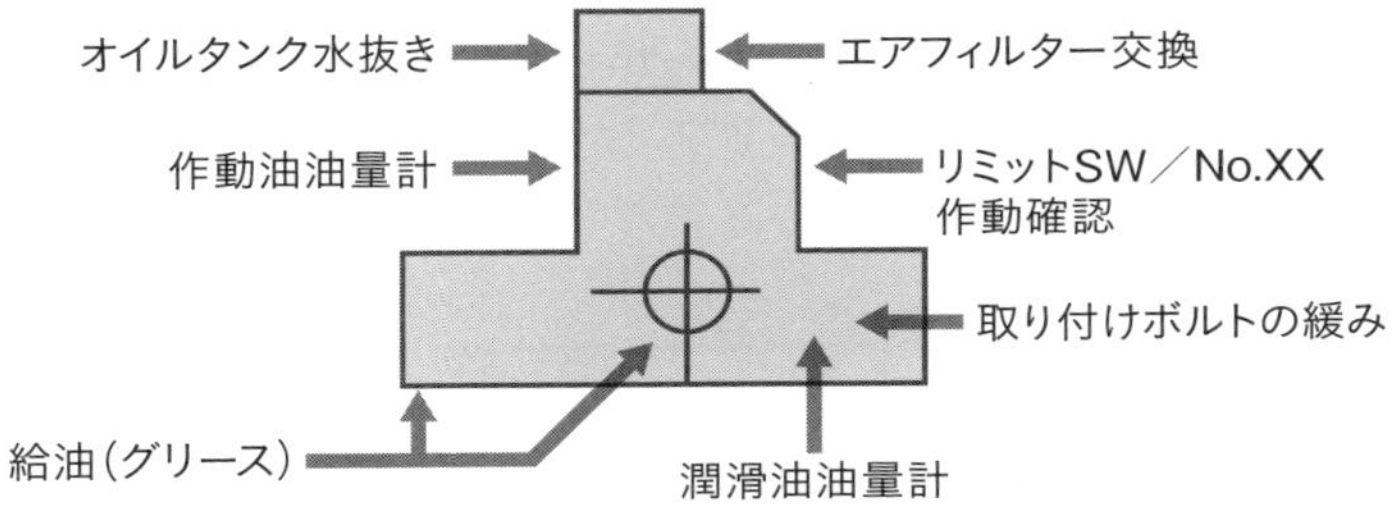

設備清掃保全チェックリストの例

	設備清掃点検チェックリスト				設備	成形機(3号)		
	No.	清掃箇所	基準	方法	周期 日	周期 週	周期 月	備考
清掃	1	成形機全体	シューター、タイバーシャフトの過剰グリース	ウエスで拭く	○			
清掃	2	製品シュート	汚れていないこと	ウエスで拭く	○			
清掃	3	金型	パーティング面、ガイドピンの過剰グリース	ウエスで拭く	○			
清掃	4	取り出し機	吸着治具板周辺	ウエスで拭く	○			
	No.	点検箇所	基準	方法	周期 日	周期 週	周期 月	備考
点検(成形機)	1	潤滑油	油面計のチェック	目視		○		
点検(成形機)	2	作動油	油面計のチェック	目視		○		
点検(成形機)	3	加熱筒	設定温度と実温度のチェック	目視	○			
点検(成形機)	4	金型コントローラー	設定温度と実温度のチェック	目視	○			
点検(成形機)	5	金型冷却水	通水確認、温度チェックは15±5℃	目視	○			
点検(成形機)	6	オイルクーラー	通水確認、温度チェックは15±5℃	目視	○			
点検(成形機)	7	加熱筒ノズル部	樹脂の付着があれば除くこと	目視、真中棒	○			
点検(成形機)	8	安全ドア	リミットスイッチの作動確認	ドア開閉	○			
点検(成形機)	9	型締、射出ポンプバルブ	油もれはないか	目視		○		
点検(成形機)	10	成形機各摺動部	動作時に異常音はないか	目視、聴く			○	

SECTION 46 汚れのない職場づくりを目指す

汚染源対策の進め方

汚れは元から断つことを目指して、汚れの発生源、発生箇所を追及し、その対策方法を検討する。

汚染源対策の手順

「汚れたので清掃する」という発想から、「汚れない職場をつくる」という「予防清掃」への発想の転換が大切です。

そのため、汚れの防止対策につながる創意工夫や改善が大切です。予防清掃としての汚染源対策は次のように進めます。

①汚れの発生箇所を見つける

予防清掃を進めるには、汚染の発生箇所を洗い出し、もれなく特定することが必要です。この洗い出しは次のような場所に着眼して、清掃をやりながら、また清掃後に洗い出し作業をします。

・油、溶剤、薬品、水などを使用・保管する場所
・粉塵、ミストを発生・飛散させる場所
・作業に伴うごみやくずの発生場所
・ホコリなどを工場内に侵入させる箇所
・汚れが隠れやすい場所。例えば設備や保管棚、キャビネットなどの下・上・奥・裏などの箇所

②汚れの発生源を特定する

汚れ箇所ごとに汚れ物質とその発生源（発生・侵入の位置）を特定します。

汚染物質としてよく見られるのは、油（作動油、潤滑油など）や切粉、作業くずなどです。これらが伝播などで顕在化し、汚染となります。

③汚染源対策を行なう

汚染の発生源を、「元から断つ」対策案を検討し実施します。対策の進め方（方策）としては次の3つがあります。

・発生抑止

対策案としては、発生源の根絶策や汚染物質の室内への侵入の防止策をまず検討します。

すなわち発生抑止として、モレ防止、落下防止、緩み防止などの対策を行ないます。

・拡散防止

発生抑止がむずかしい場合には、汚れ物質の拡散防止を検討します。拡散防止策としては、飛散防止（局所化）や隔離化、局所排気などの対策を行ないます。

・清掃の容易化

発生抑止や拡散防止がむずかしい場合は、効率的な汚染物質の収集方法や、汚染物質の除去方法の工夫をします。

汚染源対策の進め方

汚れの発生源一覧表の例

	汚染物質／汚れの形態	油	蒸気・水	エア・ガス	切粉・バリ	作業くず	砂・土・木くず	オイルミスト	洗浄液	汚れ発生状況
1	飛散	○		○	○	○	○	○	○	●隙間や穴から飛散 ●設備の開口部より飛散
2	あふれ	○	○	○	○			○	○	●容器が満杯であふれる ●フタがなく、振動、倒れ時にあふれる
3	付着	○		○	○	○	○	○	○	●台車・フォーク・プラコン・材料・スキット・吊具等に付着 ●作業者に付着
4	こぼす	○		○	○			○	○	●補給・回収・注入・洗浄時等に容器外に流れる
5	伝播	○						○	○	●液体が何かを伝わってもれている
6	にじみ	○	○				○	○	○	●液体・蒸気等が隙間等からにじみ出ている
7	落下	○				○				●部品・端材等がコンベアや容器から落下している

SECTION
47 汚染発生源対策の代表例を知る

汚染源対策の例

汚れの発生物質ごとに、汚れの出現を防止する方策を検討する。その取り組みの基本は発生抑止と拡散防止だ。

汚染源対策のポイント

汚染源対策としては、「発生抑止」（油、粉塵などを出さない）と「拡散防止」（切粉、くずなどを広げない）を基本にして具体策を考えていきます。

▽切粉、切削剤などの飛散対策

工作機械などで加工時に発生する切粉の飛散、切削・研削剤の飛散は、その発生部の近辺で飛散を食い止める工夫をするのが効果的です。

例えば、NC旋盤ではチャック周りのチャックカバー、研削盤では砥石カバー、ボール盤ではテーブル周りのカバーなどを工夫することにより、大幅に飛散を減らすことができます。このカバーも、機械全体を覆うスプラッシュカバー化できればベストですが、既設機では部分的な飛散カバーでもよいので設置します。

▽油モレ対策

油モレは、油の染み出し個所を見つけ出すことが第一です。そのためには配管部を徹底的に清掃し、観察することにより、染み出し部位の究明を行ないます。

設備によっては、ユーザーサイドでは原因の究明がむずかしく、メーカーの協力が必要な場合もあるでしょう。

また旧式設備では、オイルパンなどの使用もやむを得ない場合もあります。

オイルパンは便利ですが、清掃の手抜きが起きやすいところなので、油の回収を行ないやすく、清掃しやすい構造（傾斜式オイルパン、ドレーン付オイルパンなど）を検討します。

▽粉塵対策

粉塵を発生させる設備全体を覆う完全密閉カバーが望ましいのですが、構造上むずかしい場合は、吸塵装置や、局所排気ダクトなどの設置を考えます。

▽各種の作業くずの対策

梱包作業や組立作業中に発生する各種の作業くずなどは、くずを発生させる作業動作中に、楽な動作で発生箇所、発生時点でくずを回収できるシュートなどを作業台に組み込めるように検討します。

▽土ぼこりなど

開閉部にビニールカーテンを設置したり、ドアのオートクローザーの取り付け、また隙間などの目張りを行ないます。

汚染源対策の例

オイルミスト飛散の対策例

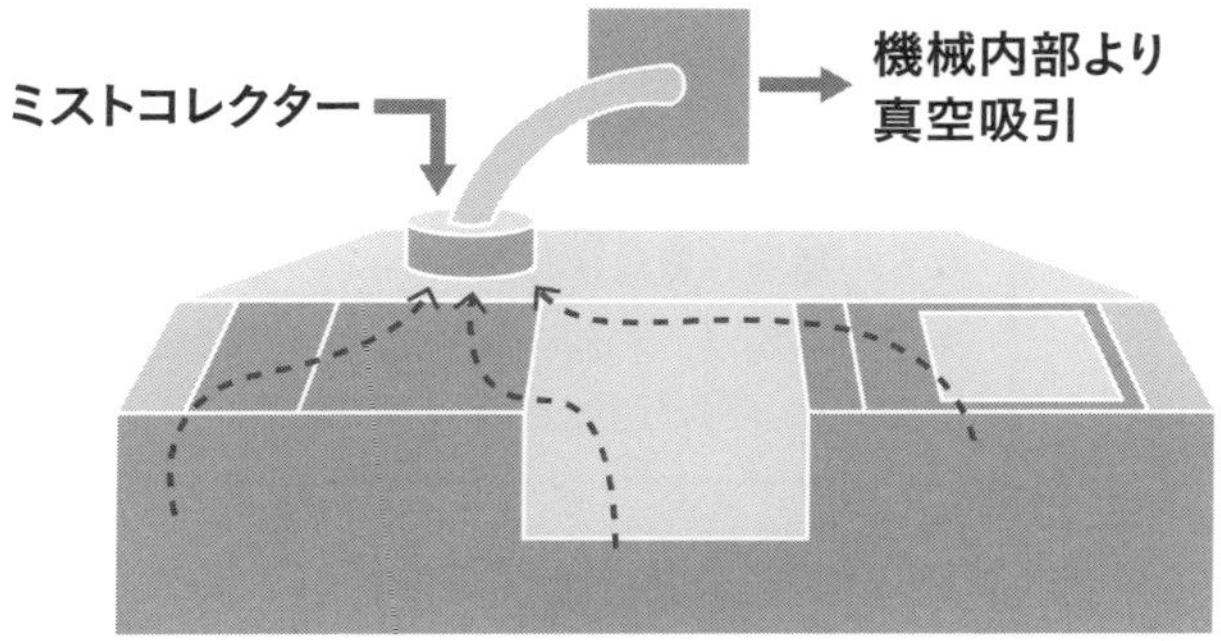

切粉飛散の対策例

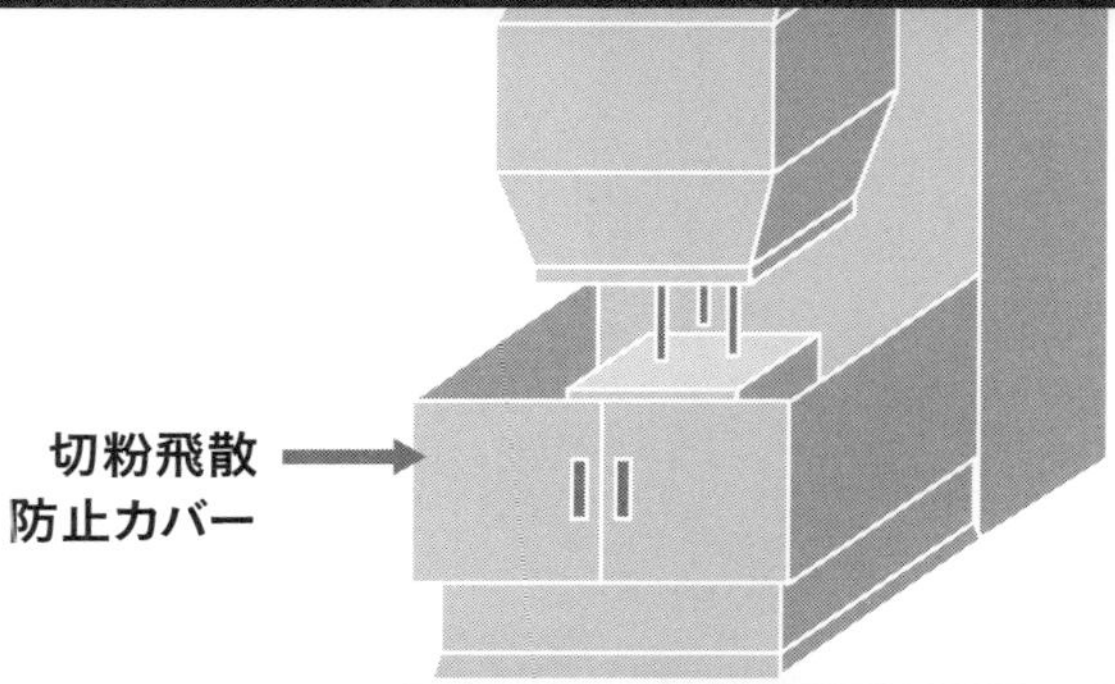

作業くずの対策例

SECTION

48

モノ・場所を誰が使っても快適にする

清潔への取り組み方

5Sの環境は常に変化しているので、整理・整頓・清掃活動の状態（レベル）を常にチェックし、これを改善し、一層高めるのが清潔だ。

清潔とは

5Sでの清潔の定義は、「いつ、誰が見ても、誰が使っても、不快感を与えないようにきれいにしておく」ことです。

したがって清潔とは、次のようなことを行なう活動といえます。

・3S（整理・整頓・清掃）を徹底して行なう

・3Sレベルを維持するとともに、そのレベルアップを図る

・誰でも自然に3Sができるように、活動方法や基準を標準化する

・結果として快適で安全な職場の状態を維持する

このような「清潔」活動の対象には、製品や業種に必要な内容を含めるようにします。食品や医薬品の分野では、清潔活動の対象に「衛生管理（サニテーション）」を含めるとよいでしょう。

サニテーションとは、殺菌や洗浄などの管理を、整理・整頓・清掃の面から整備することです。

清潔活動の進め方

清潔活動は、3Sの成果である状態を維持する活動とされるため、個別の活動はないと思われがちですが、次のような活動が必要になります。

▽5S改善活動の展開

モノづくりの現場では新製品・新部品が投入されると、設備・作業方法も変わり、また人も常に変化しています。そのためいったんつくり上げた3Sも、不十分、使いづらい、守りづらいといった面が生じてきます。また5Sの点検活動でも、5Sの実施上の不備事項として指摘される点も出てくるでしょう。

このような問題点を改善テーマに設定し、改善活動を行なうことが、清潔の段階の活動のひとつとなります。

▽ピカピカ作戦

ピカピカ作戦は「ハンカチ作戦」「ひと拭き作戦」「クリーンアップ作戦」などとも呼ばれる、職場の全員で清掃対象物を磨きあげて清潔な職場を維持する活動です。ピカピカ作戦は、清掃の仕上げ段階として磨き上げる活動と、クリーンな職場を維持していく清潔段階の両方に位置づけられます。

清潔への取り組み方

清潔への道

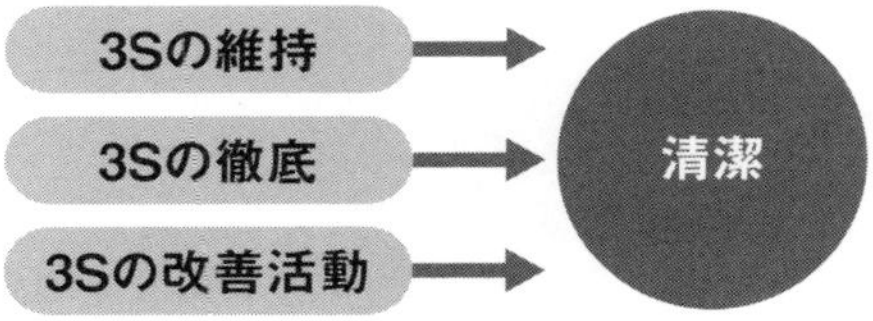

清潔服装ルールの例

清潔服装ルール

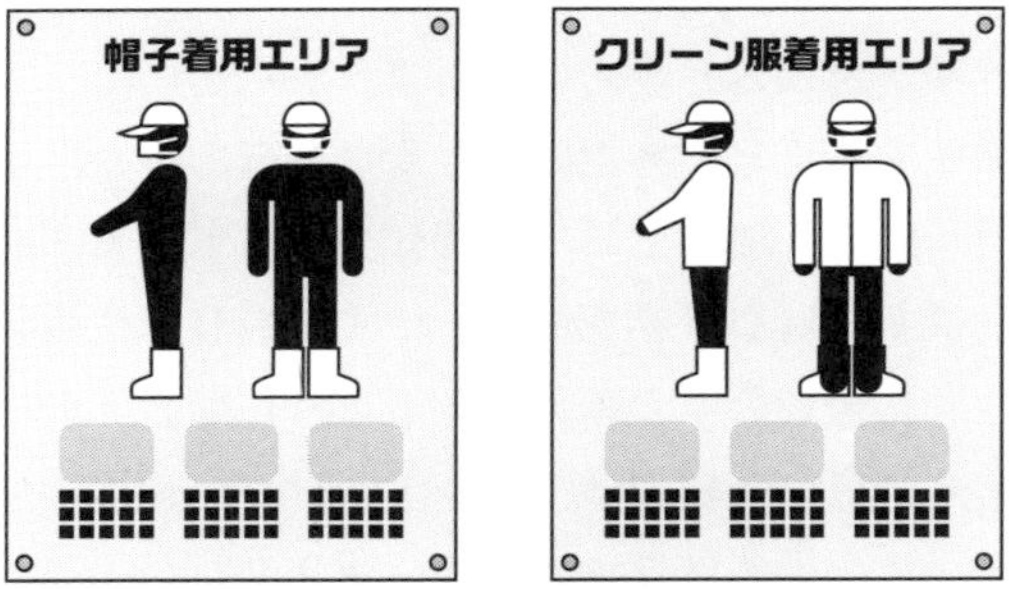

サニテーションルールの例

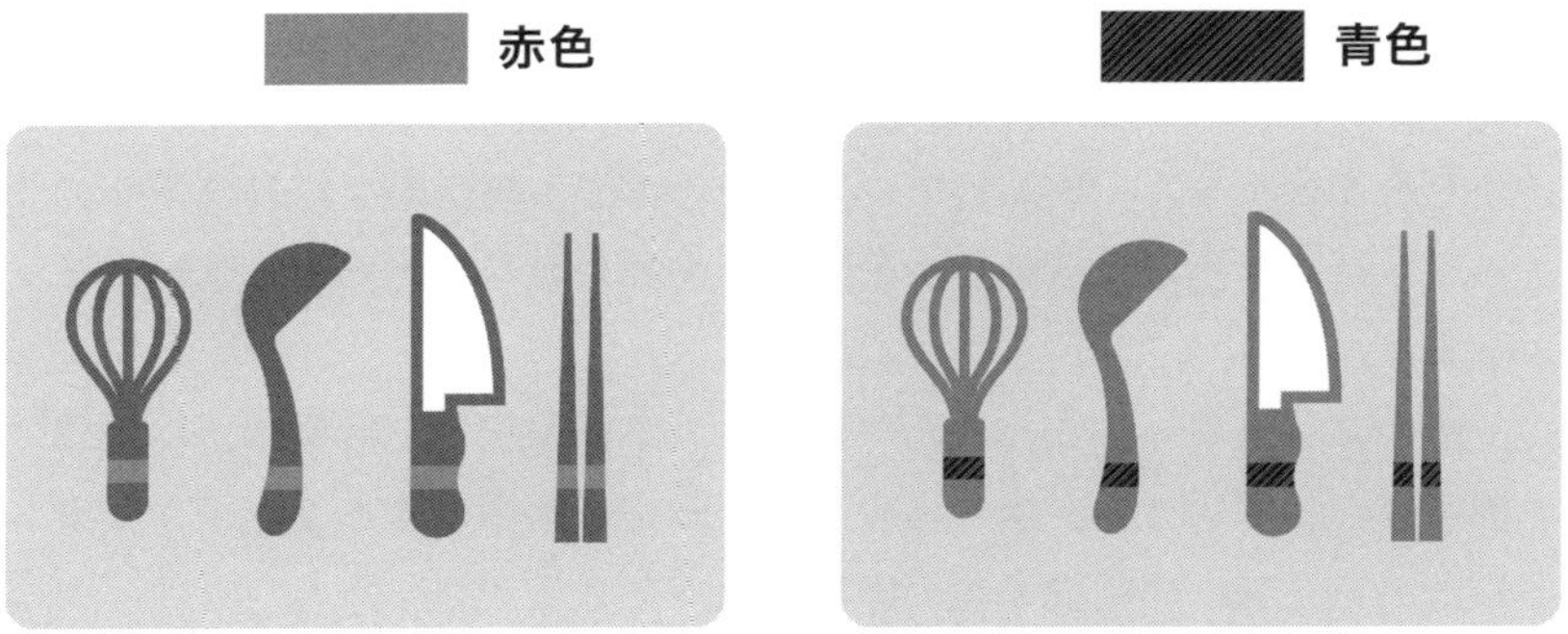

汚染域で使用する調理器具は
赤色のマーク

清潔域で使用する調理器具は
青色のマーク

COLUMN 06

中華料理店に見る5S

「はい、ラーメン」「はい、チャーハン」「はい、肉野菜炒め」……。

中華料理店の厨房からは、次から次へとお客の注文に応じた、さまざまな料理が出てきます。

その作業場である厨房のようすや、効率よく調理するための調理用具などのありようには興味深いものがあります。

中華料理を調理する場合には、中華鍋と中華お玉をメインに作業する場合が多いのですが、厨房を見ると、各種の調理用の道具（中華鍋、中華包丁、中華お玉、フライ返しなど）、調味料（塩、コショウ、酒、醤油、酢など）、各種野菜類、肉類、魚介類、ご飯、麺類、大小の皿・丼などの食器類が所狭しと並んでいます。

料理人の動作を見ると、神業のごとくこれらの中から必要な道具や調味料、材料を選び、取り出し、調理作業をしています。

各道具や調味料、材料は手を伸ばせばすぐ取れる位置に、使う頻度に応じて総合的に最短の手の動作になるように配置されています。

また使用頻度の低い食器類は、頭をぶつけない程度の位置に手の届く上部棚を設けて効率的に保管されています。

調理作業の効率のいい動作を実現している大きな要素は、厨房のスペース（作業域）です。作業スペースを最小にして、手を伸ばす、モノを取る、歩くといった動作距離や移動動線を極端に短くしています。

では、「モノの表示は？」というと、料理人ひとりの厨房ではほとんど見かけません。熟知している厨房なので、表示の必要性は薄いのかもしれませんが、自分自身の定置化の戒めとしてあってもよい気はします。

それはともかく、こうした作業効率の高い厨房で、効率のよい動作で調理をしていると、疲れも少なく、調理に集中できることで、安定した品質（味）の料理を生み出すことができるでしょう。

5Sを維持・定着化させる方法と進め方

SECTION 49

躾とはルールを守ること

5Sは崩れやすい

たとえ1年かけて5Sをつくりあげても、崩れるのはあっという間だ。大切なのは5S活動を維持・発展させようという思いだ。

躾《しつけ》の狙いは「人づくり」です。これが5Sの維持向上のベースとなります。

「悪習は良習を駆逐」します。ルールを破ると、そのとき、その瞬間は楽ですが、すぐにしっぺ返しを受け、後で倍旧のムダが発生します。

ルールを破る人は、「刹那的快楽主義者」ともいえるでしょう。ルール破りを放置すると、ルールを守らなくても許されるという誤った考えが蔓延し、5S活動そのものが崩壊してしまいます。

躾ができていないと

5Sをつくりあげるには時間がかかりますが、崩壊するのはあっという間です。

躾ができていないと、社員の自主性が育たない、良好なチームワークが育たない、リーダーシップが育たないといった、人づくりの崩壊につながります。

さらに躾ができていないと、現場では次のようなことが発生します。言い換えると、これらが5Sの崩れの兆候です。

・所定の場所に戻していない工具がある
・場所表示のないところに仕掛品が置いてある
・通路にはみ出して原材料が置いてある
・清掃実施記録表を見ると、Aさんは担当の日に清掃していない
・コンベアの下は清掃実施記録では清掃したことになっているが油汚れがすごい
・部品棚の位置表示と現品が一致していないものがある
・めったに使用しない修理用工具を作業域の棚に保管している
・発注点調達基準に従えば、最大在庫は12個なのに18個ある

4Mの変化と5Sの崩壊

製品は常に改良されて変化し、そして部品を中心に配置や扱い方は変わります。

工程も改善で常に変化し、作業の動線も変化します。

人も配置換えや新人の投入などで変化し、人に合った作業条件も変化します。

このような変化により、いったん設定した5Sのルールでも、いつまでも効果的とはいえません。4Mの変化に応じて、常に5Sのルールを見直し、改定しないと、ルールを破るということにもつながってきます。

5Sは崩れやすい

悪習が良習を駆逐する

4Mは常に変化している!

4Mとは

- 人　：Man　……新人、異動、応援など
- 設備：Machine　……新設機、異なる号機など
- 材料：Material　……材料ロットの変化など
- 方法：Method　……作業手順の見直しなど

SECTION 50

5Sをつくるのも人、こわすのも人

5Sは躾に始まり躾に終わる

1人ひとりの5S意識の向上が、5Sの定着化とレベルアップの原動力だ。

「5Sは人がつくり、そして人がこわす」これが現実です。

したがって5Sを維持し向上させるには、「5Sは躾に始まり躾に終わる」の言葉どおり、人づくりが欠かせません。

5Sは崩れやすい活動です。この崩れやすい5Sを崩れないようにするには、一人ひとりの「5Sの心と技」を高めることが欠かせません。

5Sによる人への働きかけ

5S活動は整理・整頓・清掃・清潔として「モノや場所への働きかけ」と、躾として「人への働きかけ」があります。

この2つの活動は、次のような相互補完の関係にあります。

生産性向上のための直接的な活動である「モノや場所への働きかけ」の成果を左右するのは人です。

一方、「人への働きかけ」により、一人ひとりの5S意識が向上し、そして人の5S行動が高まることにより、生産性向上の成果が高まります。

5Sによる人への働きかけ

企業経営の面で、よく「企業は人なり」といいます。また戦国時代の国の経営に関しても「人は石垣、人は城」「人をもって城となす」というように、組織を強くするおおもとは人です。

5S活動において「人」への働きかけの狙いは「人づくり」です。

「人づくり」とは、職場のチームワークの向上、改善能力の向上、そして改善意識の向上などを通して、5Sを進める人材の育成、即ち改善としての5Sを推進する人材を育成することといえます。

この5S活動による「人づくり」の成果は、モノの「整理・整頓・清掃・清潔」のレベルをさらに向上させる原動力になります。

言い換えると、「人づくり」の成果が「5S活動の展開による職場の整備」力を高める原動力になるのです。

このような「人づくり」の効果は、直接的に生産性向上につながる職場の整備に比べると間接的です。したがって生産性向上効果がすぐに出るとはいえませんが、長い目で見ると、もっとも大きな生産性向上要素といえます。

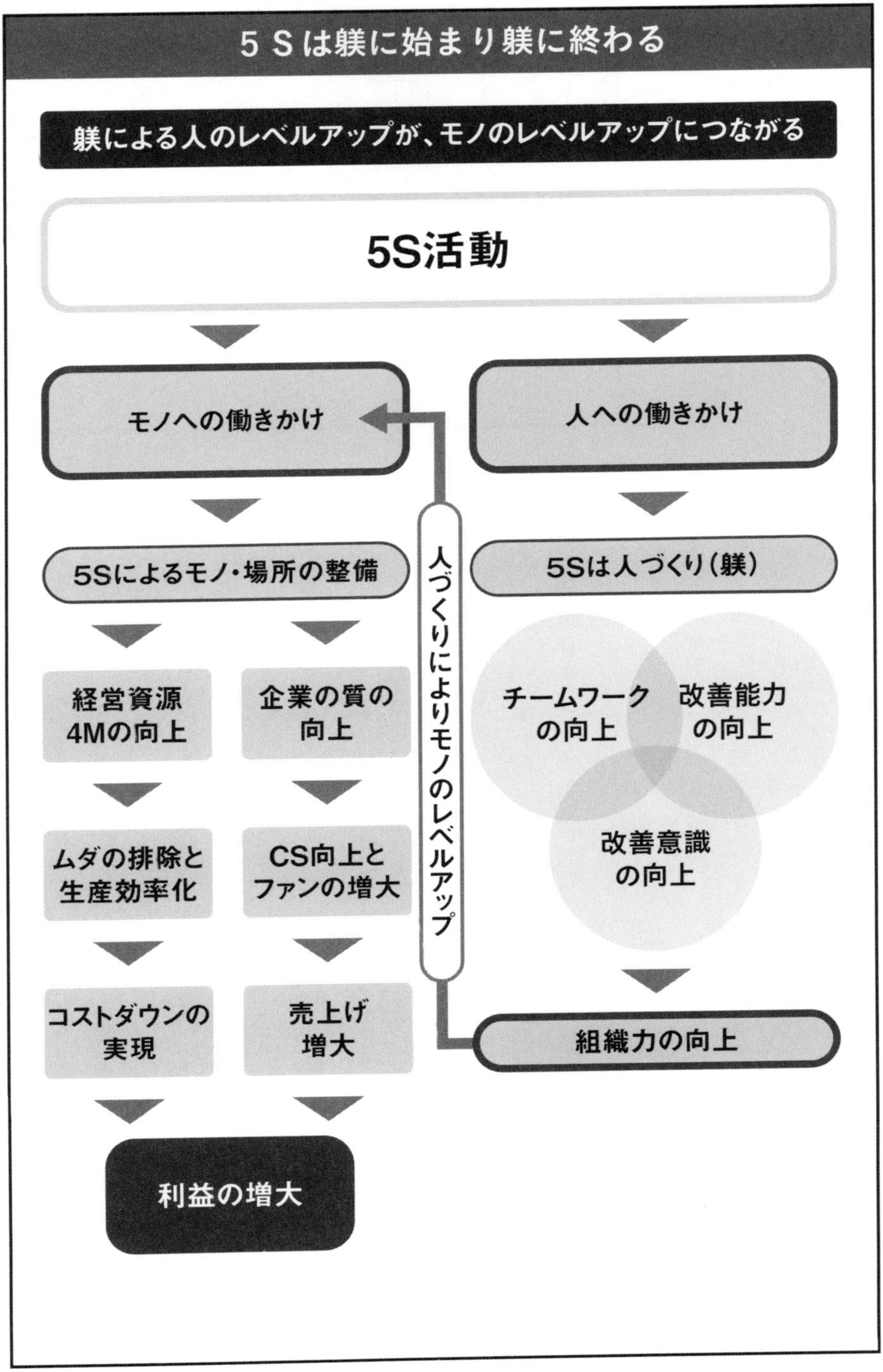
5Sは躾に始まり躾に終わる
躾による人のレベルアップが、モノのレベルアップにつながる
5S活動
モノへの働きかけ
人への働きかけ
人づくりによりモノのレベルアップ
5Sによるモノ・場所の整備
5Sは人づくり（躾）
経営資源 4Mの向上
企業の質の向上
チームワークの向上
改善能力の向上
改善意識の向上
ムダの排除と生産効率化
CS向上とファンの増大
コストダウンの実現
売上げ増大
組織力の向上
利益の増大

SECTION 51

ルール破りにはパターンがある

なぜルール破りが発生するのか

ルールを知らない、ルールどおりできない、ルールを守ろうと思わない……これらへの対応が必要だ。

ルールは破られる!?

5Sをつくりあげるには長い年月と努力が必要ですが、ルール破りが横行して5Sが崩れるのはあっという間です。

ルールが破られる背景には、5S活動の特性があります。

つまり5S活動には、マンネリ化しやすいという特性があるのです。なぜかといえば、できあがった5Sのルール（約束）そのものは、いたってシンプル、いたって当たり前であり、活動内容も繰り返し的だからです。

マンネリ化すると、人の常としてルールに関する意識が薄くなり、守ろうとする気持ちや行動が薄らいできます。

このような点を踏まえて、躾の方策としてルールを守り、維持するやり方を検討することが必要です。

ルールが守られないパターン

ルールが破られるのは、ルールを「知らない、できない、守らない」ことに原因があります。

▽ルールを知らない

・ルールの重要性や効用を理解していない

・ルールがあることやその内容を知らない、また理解しようとしない

・ルールに対する教育や指導の方法、基準が明確でなく、その努力も欠けている

▽ルールどおりできない

・実施しやすく、かつ5S効果の出るルールづくりの工夫が不足している

・ルールどおりの作業や業務が実施できない

・製品・工程や人が変わってきているのに、変化に対応したルールの見直しや改定がなく、ルールが陳腐化していて実情に合わない

・ルールの見直し・改定の仕組みがない

▽ルールを守らない

・ルールを守らせる工夫や努力、教育が欠けてくる

・ルールを破っても指摘も指導もない

ルールを守り、維持するためには

「5S委員会」のような5S活動の推進組織を、5S活動の導入段階が終わっても設け、継続的に5S活動の計画・推進・評価を展開するようにします。

なぜルール破りが発生するのか

なぜルールは破られる?

- ルールを知らない
- ルールどおりできない
- ルールを守らない

5Sマインドの低さは、ルールへの取り組み方に問題がある

- ルールの重要性を認識していない
- ルールを理解しようとしない
- ルールへの工夫(ルールの改定)がない
- ルールを守らせる工夫や努力が欠けている

ルールを定めるとは、標準化すること
職場のリーダーは、現場のすべての面を標準化して、メンバーにルールどおりに行なわせ、これから外れるものについては「問題(悪さ)」として捉え、解決・改善する

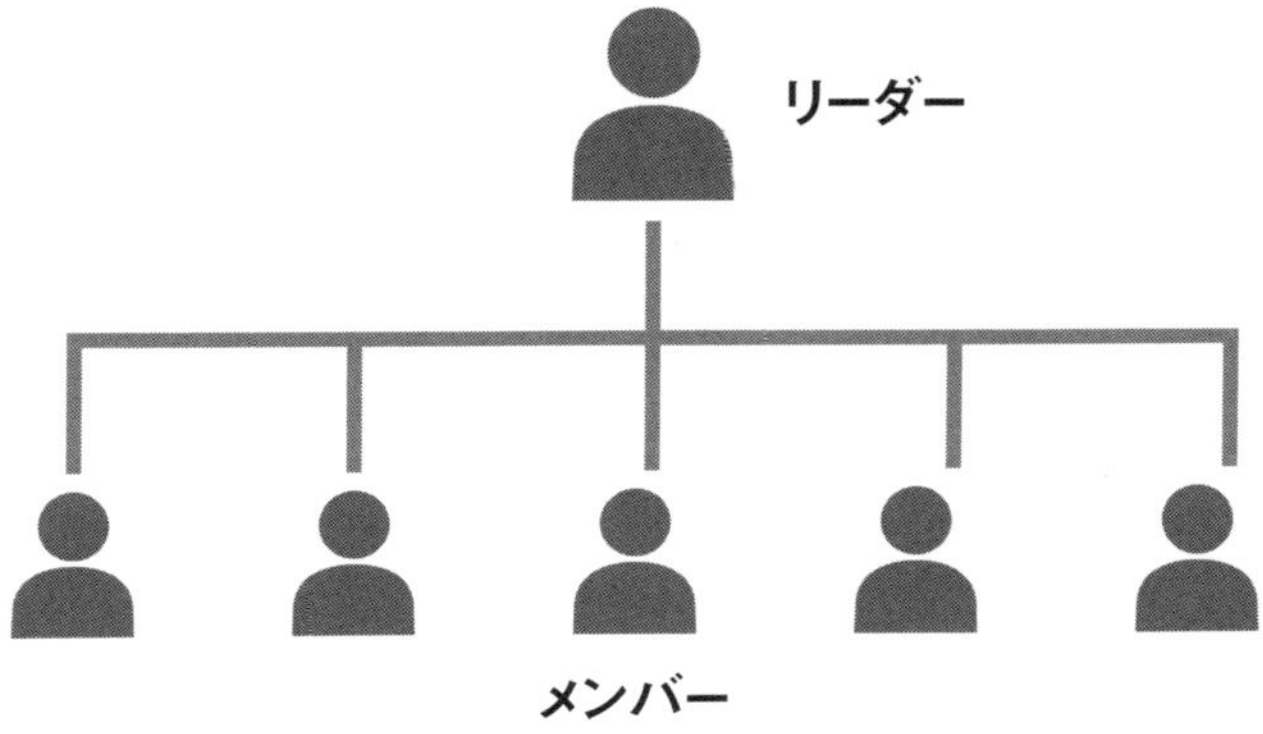

SECTION 52

5S定着化には方策が必要だ

5Sの定着化の方策と進め方

5S推進の仕組みの向上策、5Sマインドの向上策、5S技法の向上策を追究することが大切だ。

5Sが崩れないようにするためには、言い換えると各人がルールを守るようになるには、一人ひとりの中で「5Sが習慣化されている」こと、そして企業として「5Sが体質化している」ことが大切です。

躾の方策

このような5S活動の習慣化、体質化を進めるには、躾の方策として次の3つを推進します。

①**5S推進の仕組みの向上**（57・58項、2章参照）……5S活動の日常管理、改善の推進管理、5Sの問題解決をきちんと推進できる仕組みをつくりあげます。

②**5Sマインドの向上**（59～64項参照）……ダメなものはダメと厳しく指導し、気づきを与える教育、全員の気持ちを5Sに向ける教育、さらには5Sの重要性や情報の提供などをとおして5Sマインドの向上を図ります。

③**5S技法の向上**（53～56項参照）……5Sの基準やルールの設定、5Sルールを守りたくなる道具立て、5Sルールを守りやすくする道具立て、5Sルールを破れない道具立てなどの整備をします。

躾の進め方のポイント

躾はそれを展開するために前述のような仕組みが必要ですが、仕組みだけでは効果的な躾はできません。

躾を受ける人に、躾を受け入れる心がなくては、徒労になってしまいます。

躾を受け入れる心は、相互の信頼関係がベースになります。その信頼関係の構築には、インフォーマルなコミュニケーションが欠かせません。

そこで職場リーダーは折に触れ、次のようなインフォーマル・コミュニケーションを部下との間で密に行ない、また職場内の全員とも行なうことが大切です。

・挨拶
・互いの仕事の情報交換
・雑談やプライベートな会話

このようなコミュニケーションがスムーズに行なわれるようになると、チーム内での相互のアドバイスや応援、注意なども、活発に行なわれます。これが5Sルールの順守、業務・作業の確実な展開への後押しとなります。

5S定着化の方策と進め方

躾の方策

ルールを守り、維持するために以下の3つの方策を進める

❶ 5S推進の仕組みの向上
❷ 5Sマインドの向上
❸ 5S技法の向上

つまり5Sの
心技体を向上させること

- 心…5Sの心
- 技…5Sの技
- 体…5Sの体力

リーダーの役割は、「改善のサイクル」を回すことにより、
職場のスパイラルアップを進めることにある

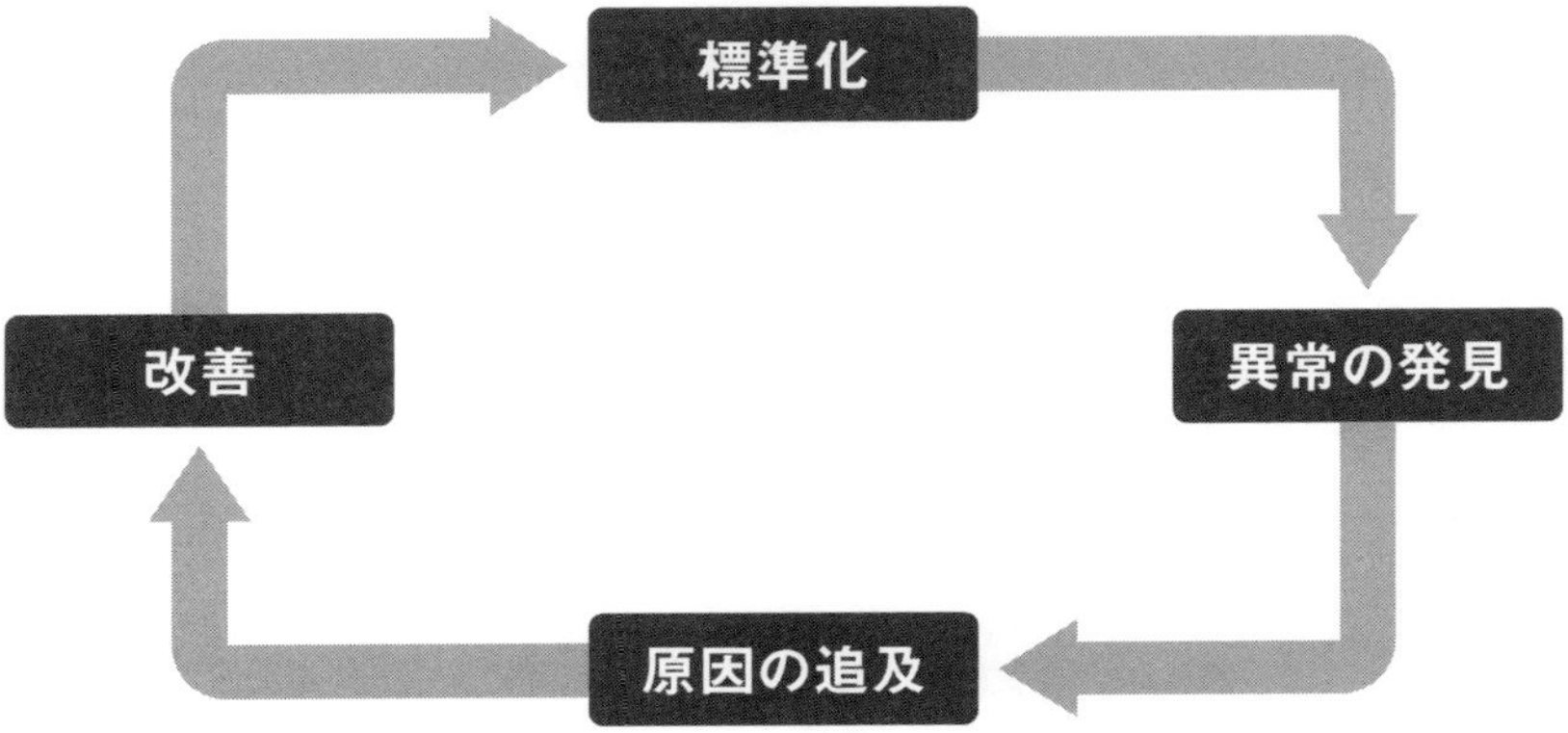

SECTION 53

5S定着化は基準とルールの設定

5Sの基準とルールづくり

5Sのルールや基準を設定し、これを元にPDCAを回すことで5Sは確実に向上する。これが5Sの標準化による改善だ。

基準・ルールの役割

5Sのルールや基準は、次のような点を確実に実現するために、5Sのあるべき姿や方法を設定します。

・モノを探すムダ、モノの選択時の迷いのムダ、モノの戻し場所を探すロスタイムなどを排除する
・ムダな、あるいは過剰な動作や歩行を軽減し、疲労やロスタイムを排除する
・どの職場でも表示方法が同じで、応援に行っても作業面での迷いが発生しない
・品質保証期限がある原材料などの期限表示や管理方法をルール化し、誤った使用での不良品発生を防止する
・在庫量やその管理方法をルール化し、ムダな在庫（過剰在庫）や欠品を防止する

このような基準やルールを設定し、P（生産性）・Q（品質）・C（コスト）・D（納期・リードタイム）の維持・向上を図ります。

ルール化と改善

ルール化とは標準化であり、ルールや基準に基づいて活動を行なうことです。

5Sにおいても、ルールや基準、即ち標準がないと、それぞれの人がまちまちなやり方をしてしまい、今の整理・整頓・清掃のやり方や状態が正しいのかどうか、また効率的なのかどうかが明確になりません。

ルール・基準があれば、それを中心に是正や改善、また管理を展開することができます。言い換えると、標準化をもとにした改善の推進です（52項の図表参照）。

基準・ルールの例

▽整理の基準・ルール
・不要品基準
・個人手持ち基準
・職場手持ち基準

▽整頓の基準・ルール
・表示基準（棚表示、床・通路表示）
・保管場所設定基準
・整頓基準
・ファイル体系表
・ファイル基準表

▽清掃の基準・ルール
・清掃実施ルール
・清掃分担ルール

5Sの基準とルールづくり

5S技法の向上の方策

- 明確な5Sの基準とルールづくりの工夫
- 守りたくなる5Sの道具立ての工夫（楽しく美しい5S）
- 守りやすい5Sの道具立ての工夫
- 破られない5Sの道具立ての工夫

ルールのチェックポイント

ルールは次の視点でチェックしよう！

❶ ルールはあるか？
……ルールは明確・具体的に設定されているか？

❷ ルールは周知されているか？
……いつでも参照できるか？

❸ ルールは納得されているか？
……ルールの目的や内容は納得されているか？

❹ 守りやすいルールか？
……ルールは作業や業務の実態に合っているか？

❺ ルールを守らせているか？
……ルール破りを是正しているか？

❶❹ ▶▶▶▶ **ルールそのものの質のチェック**

❷❸❺ ▶▶▶▶ **ルールの展開の質のチェック**

SECTION 54

5Sを守りたくなる仕掛けを常に考える

守りたくなる5Sの工夫

5Sは会社のためにだけ必要な活動ではない。従業員にとっても大切な活動だという5Sの二面性の理解を深めよう。

守りたくなる工夫の進め方

「5Sのルールを守ろう」という意識を高めるには、5Sが作業性や安全面に効果的であることの理解が欠かせません。

また、「従業員にとっての5S」の効果である「安全で、快適で、誇れる職場づくり」を5Sは志向していることを、理解してもらうことが大切です。

このような理解を深めるためには、次のようなイベントなどを企画します。こうした仕掛けにより、5S活動の習慣化・体質化が深まります。

▽**他社の5S事例を紹介**……自社の工場内だけに目や情報が向いていると、5Sの重要性についての気づきも生まれません。

他社の5Sの事例などを、担当管理者や5S委員が雑誌や新聞で集め、各職場の5Sボードに掲示するなどして、5Sについて再認識をする機会にしてもらうのもよいでしょう。

▽**5S見学会やセミナーへの参加**……他社の5S活動を直接見ると、理解がより深まります。雑誌や新聞の募集への参加、関係会社への見学の依頼、地元工業団地内の会社への見学依頼などを検討しましょう。

▽**楽しい表示、美しい表示**……汚れて破れた、ヨレヨレの読みづらい表示を見て、これを守ろうという気持ちがわいてくるでしょうか。

見た目に美しく、デザイン的にも工夫されている表示、5Sの心意気を示すようなしっかりしたスローガンや標語などの表示、読みやすい表示……このような表示を見ると、守ろうという気持ちもわいてきます。

▽**自社工場見学への招待**……5Sがある程度進んできた段階で、工場に見学者を招待するとよいでしょう。

人は見られることにより刺激を受け、これをきっかけに見学対応の準備も行なわれるので、ルールの順守も進みます。また見学者からの批評やおほめの言葉は大切な意見として取り入れることで、以降の5S活動に活かせます。

見学者としては、お客様や取引先業者、地元の工業団地の会社に声をかけるとよいでしょう。

守りたくなる5Sの工夫

美しいと守りたくなる

**デザインがよいと
ルールを守りたくなる**

**姿置きも写真で美しいと
守りたくなる**

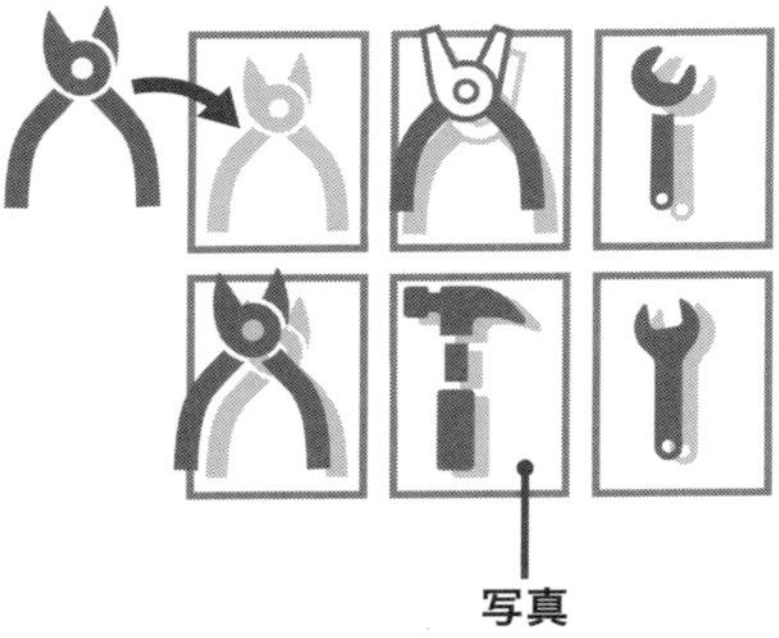

工場見学へ招待：会社のファンを増やし、ルールの順守もアップ

「魅せる工場」で来場者に感動を

SECTION 55

ルール破りをなくす

守りやすい5Sの工夫

あえてルールを破ろうという人は少ない。仕事を速くしよう、という気持で「ついつい〜」破ってしまうことが多い。

守りやすい5Sの大切さ

5Sのルールそのものが嫌いだからと反発して、あえてこれを破ろうというような人は少ないでしょう。

・守れるものなら守りたいが、作業のサイクルタイムに追われて「ついつい〜」
・守ろうとしても、モノや場所などが見つからなくて「ついつい〜」
・ルールがわかりにくかったり、ルールが複雑で「ついつい〜」

現実としては、このように守りたくても「ついつい〜」という気持ちで守れないケースが多いといえます。

守りづらいルールを無理やり守らせても長続きしないのは当然です。

守りやすい工夫の進め方

守りやすい5Sにするには、次のような点を工夫します。

・その仕事や作業の特性に合わせる
・楽に仕事や作業ができるようにする

具体的には次のような面から考えます。

▽**場所の工夫**……整頓の3要素の「置き場」（場所）の工夫です（27項参照）。

・目的志向で、ムダな動作の排除、歩行距離の最短化を狙って置き場を決める
・「層別化」ということで、使用頻度の高低により設置場所を区分する
・「手元化」で使用頻度の高いものは極力作業ポイントに近いところに設置する

▽**収納具の工夫**……整頓の3要素の「置き方」の工夫です。

・収納具のポイントは「ワンタッチ化」と「姿置き」。工具などのモノを素早く軽快に取り出せて使える工夫、容易に戻せる収納具を工夫する
・また収納容器の中身が見える「中身の見える化」をすると、モノの確認・識別が素早くでき、守りやすさが向上する

▽**表示の工夫**……表示の工夫により視認性の向上と読み取りミスの防止を図り、守りやすい5S、理解しやすい5Sを実現するのも効果的です。

・大きな表示文字の採用
・表示板の色区分の工夫
・デザインの工夫
・表示板の見やすい位置への設置
・写真の活用

守りやすい5Sの工夫

守りやすい5Sの方策

場所の工夫

- ムダな動作の排除・歩行の短縮
- 手元化
- 層別化……使用頻度、距離、重量

収納具の工夫

- ワンタッチ化・姿置き
- 中身のモノの見える化

表示の工夫

- 写真の活用
- 表示板の色区分の工夫
- 見やすい位置
- デザインの工夫
- 大きな表示文字の採用

守りやすくする工夫の例

清掃作業の容易化の工夫

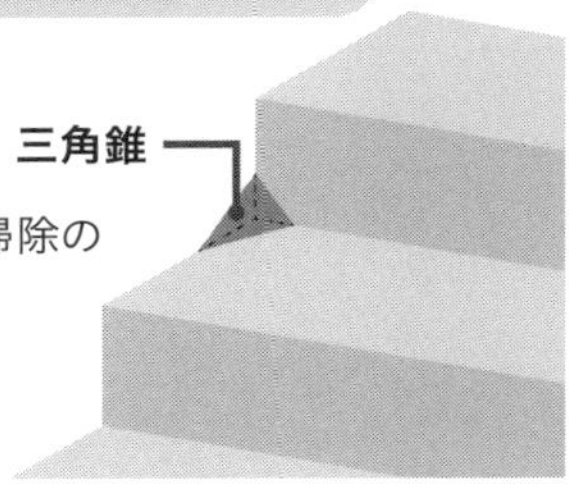

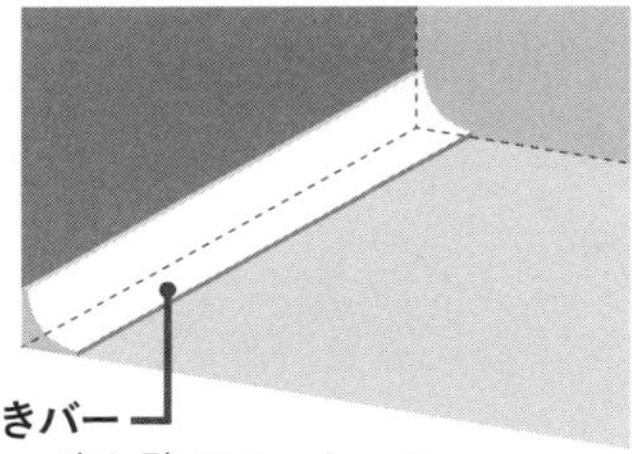

中身の見える化の工夫

SECTION 56

ルールを破られないハード・ソフトの工夫

破られない5Sの工夫

ルール破りをしない心のハードルを高めたり、ルール破りができない道具の工夫をすることが大切だ。

破られない5Sとは

5Sの道具立てをつくるときには、「ルールは守ってくれるものだ」という期待感（性善説）だけではなかなかうまくいかないものです。

「ついつい〜」という理由で守られないケースが多いとはいえ、「ついつい〜」の人も含め、ルールを破る人はいるものだという前提に立って（性悪説）、破る人対策を立てることも必要です。

破られない5Sの進め方

▽**場所の工夫**

・「表示がないところには置かない」「すべてを表示で指定席化する」という5Sの原則を徹底する

・「表示なしの保管は禁止」などのスローガンの徹底や、黄と黒のトラテープなどで「保管禁止エリア」の表示をする

・「ついつい〜」で仮置き、チョコ置きしてしまうような場所はカバーなどで斜面化するなどの「置けない工夫」をする

▽**収納具の工夫**

・工具などの保管位置や向きをウレタンシートなどに彫り込んで、位置のズレがすぐわかるようにする

・収納具は透明なものを用いたり、カバーや扉なども透明なものにして、保管状態をシースルー化・オープン化する

また、扉付きキャビネットなどは、扉を外し、オープン化するのもよいでしょう。扉の目的を考えると、多くの場合、なくてもよいことに気づきます。

▽**表示・掲示の工夫**

・期限表示は年月の表示よりも、年や月を色で対応させた色表示（例：1月は赤、2月は青のラベルで表示）にするとビジュアル化になり、不要品処分忘れを防げる

・清掃実施については、清掃実施記録表をボードに掲示し、実施状況を見える化すると、確実な清掃の実施につながる

・あるべき姿を写真で明示するのも効果的。作業台の上の工具や容器の正しい配置位置を写真で、その場所に掲示する

・工具などを持ち出して返却しないのもよく見られる5S破り。「戻してください」などの掲示でのアピールも短期的には効果が見られる

破られない5Sの工夫

破られない5Sの方策

場所の工夫
- 置けない工夫(斜面化など)
- 全席指定席化

収納具の工夫
- 型彫り式置き場
- 中身のモノの見える化

表示の工夫
- あるべき姿の明示(写真の活用)
- 「戻してください」などの警告を表示

破られなくする工夫の例

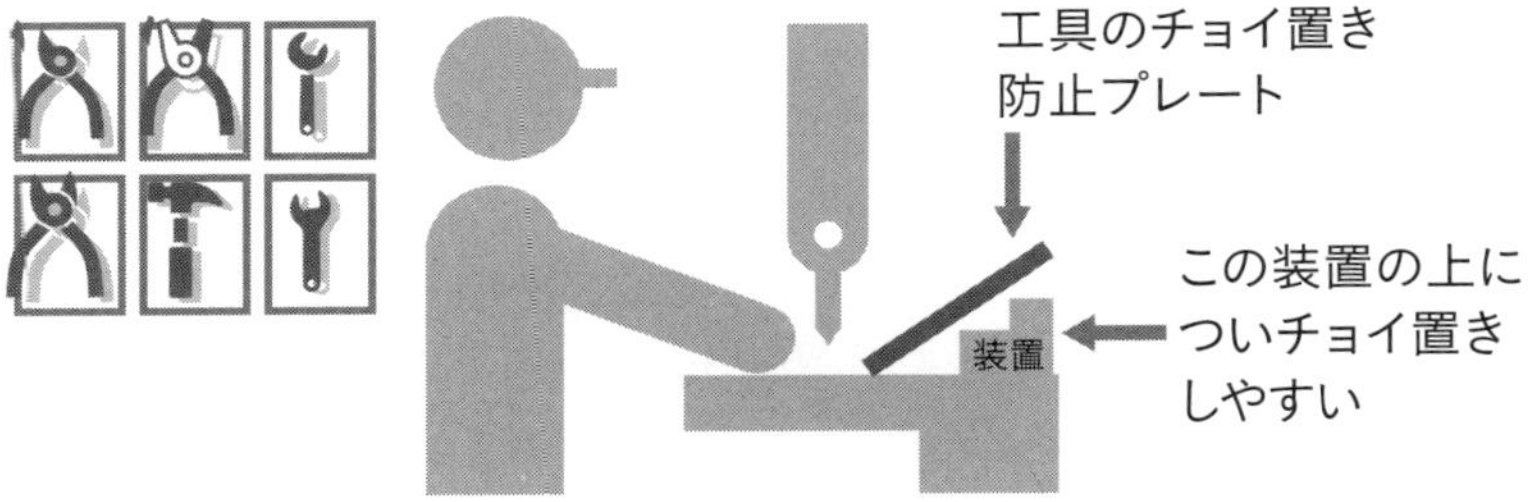
工具のチョイ置き
防止プレート
この装置の上に
ついチョイ置き
しやすい
装置

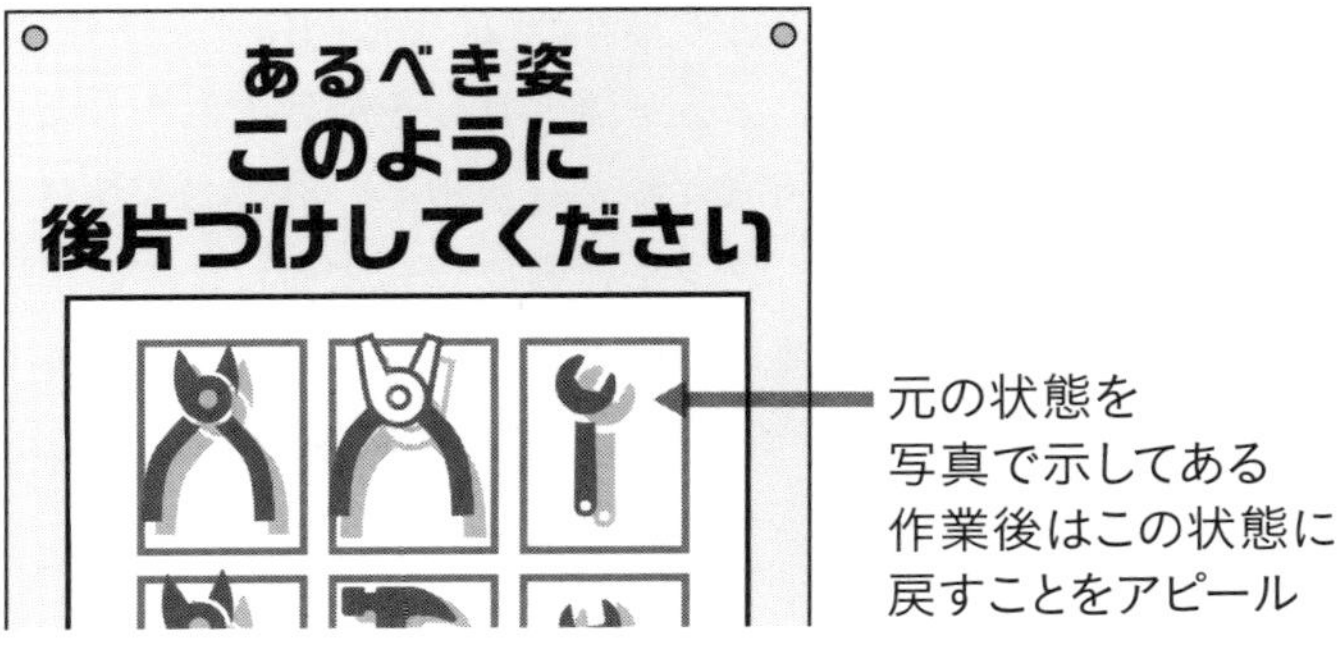
あるべき姿
このように
後片づけしてください
元の状態を
写真で示してある
作業後はこの状態に
戻すことをアピール

COLUMN 07

全員参加型の５Ｓとアンチ派

５Ｓなどの全社的な活動を展開しようとするときには、よく次のような法則性が見られるといいます。社員の20％は積極的に推進し（推進派）、60％の社員はリーダーの指示の下にこれに従って活動するようになり（中間派）、残り20％の社員は活動に背を向ける（アンチ派）。

これは「２・６・２の法則」といわれているものです。

現実の現場では、多くの改善活動のリーダーは、20％のアンチ派対策にエネルギーを使い、結果として中間派へのリーダーシップが弱まり、活動の推進力が削がれているケースが多いといえます。

ではどうすればいいかといえば、アンチ派を気にせず、推進派と中間派を合わせた80％に焦点を合わせてリーダーの本気度を示し、自ら率先垂範することで、全体がそちらに引っ張られていきます。80％を味方につければ、アンチ派も巻き込んでいけるということです。

とはいえ、全員参加型の活動へと展開するには、アンチ派の扱いがキーになります。

「アンチ派のメンバーがいうことを聞かない」と嘆くリーダーは少なくありません。

しかし、５Ｓ活動に対してアンチ派の社員も、会社がつぶれることを願っているわけではなく、会社の将来に期待する思いは同じです。単に改善の進め方についての考え方に相違があり、活動に反発しているだけでしょう。

５Ｓの推進リーダーであるあなたは、感情的にアンチ派に接したり、がっかりすることなく、アンチ派の存在を受け入れましょう。そうした態度でいることで気持ちにゆとりが出て、肩の力も抜け、アンチ派に対する表情も変わり、アンチ派の表情も変わります。

人は人を映す鏡のような存在といわれます。リーダーが５Ｓ活動に本気で取り組めば、アンチ派もリーダーの背中を見て、少しずつ変わっていくのです。

５Ｓを継続して推進する方法

SECTION 57

全員参加、全社レベルで5Sの展開を進める

5Sの推進力を強化する

習慣化・体質化することによる5Sの推進や、改善への組織的取り組み方を考えることが重要だ。

5Sを継続的な改善活動として推進するには全社レベルから作業者レベルまで、全階層での目標展開活動が必要です。

全社5S年間推進計画

5Sの推進を思いつきではなく計画的に行なうためには、「5S年間推進計画」を作成します。

ここでは次のような活動を計画します。

・5S委員会の開催計画
・今年度の5Sレベルアップの課題
・新入社員などの5S教育計画
・不要品一掃運動や全体清掃の計画
・5S点検の種類と時期の計画
・5Sコンクールの計画　など

月度重点目標の設定と5S活動計画

5S委員会では、次のような毎月の5S重点課題と目標を設定して、各部署にその改善活動を指示します。

・**重点課題**……5S年間推進計画で設定された課題や各職場の弱い点、競争力を高めるために補強したい点など、各部署で5Sリーダーが中心となって具体的な計画を作成して、目標管理活動を展開します。この活動の進度管理や評価は5S委員会で行なうようにします。

私の5S

5S活動のパワーは、全員参加型の活動で現われてきます。

全員参加での活動により、幅広い5S整備事項の完成度の向上、5Sルールの全員での順守度の向上が狙えます。

このような全員参加型での5S活動では、各作業者が「私の5S」として自分の5S活動計画を作成して、自分で自主的に活動テーマを展開・推進していくことが効果的です。

・活動テーマとしては、職場の5S活動ではカバーし切れていないもの、自分の担当エリアの固有のモノ、さらにレベルアップしたいものなどを選ぶようにする（テーマは2～3でよい）
・テーマの実施項目を明確にし、推進スケジュールを計画する（計画スパンは1ヵ月くらいにする）
・自分自身で5S活動計画をチェックし、各人が対策を打つようにする
・「私の5S活動計画表」は職場に掲示し、職場の全員で共有化する

5Sの推進力の強化

5S年間推進計画

		1月	2月	3月	4月	5月	6月	7月
1. 5S委員会		◆	◆	◆	◆	◆	◆	◆
2. 年間目標設定と活動プログラム作成								
3. 5S教育（新人教育など）					◆			◆
4. 不要品一掃運動								
5. 全体清掃の実施								
点検	自主点検	◆	◆	◆	◆	◆	◆	◆
	5S委員点検		◆			◆		
	トップ巡回						◆	
5Sコンクール								

私の5S活動計画表の例

私の5S　　＿＿月度

作成＿＿＿＿

	私の5S目標	進度チェック		
		10日	20日	月末
1				
2				

全員が自分の作業域での
5S向上テーマを決め、
自分で進度管理をしながら
全員参加型の改善を進める

SECTION 58

維持するだけでは退歩。継続的改善が大切

5Sの継続的改善の展開

5Sの改善テーマはいろいろなところに潜んでいる。テーマ（改善の種）を決めるには、種を見つける努力と工夫が必要だ。

継続的改善が定着化のベース

4M（人・設備・材料部品・方法）の変化で、モノづくりの環境は常に動いています。

現状を維持することだけを狙った5S活動では5Sレベルの維持はできず、5Sの内容は退歩していく一方です。

5Sを定着化させるには、常に改善（継続的改善）の視線で活動に取り組むことが必要です。

5S委員会を中心にして、4Mの変化に対応するためのテーマ、現状の生産性の面からの改善課題、5S点検の結果からのテーマなどから、次のようなテーマを設定し、優先順を決めて取り組みます。

・**不要品基準の見直しと再整理**……在庫削減を徹底するための再整理の展開

・**保管場所不足への対応改善**……保管場所、作業場所を確保するための場所の有効活用

・**作業性向上のための再整頓**……動作改善、歩行改善による生産性向上

・**清掃時間短縮化改善**……清掃の質を落とさないで、清掃方法や道具を改善

5Sのレベルアップ活動

5S活動の定着化のために、常に新しい活動課題を設定して取り組むことが欠かせません。活動課題の内容は、それぞれの企業の現場の状況や、改善の狙いなどにより異なりますが、以下に一例を挙げます。

▽1年目……**整理・整頓・清掃の導入**

▽2年目……**汚染源撲滅対策**（47項参照）。汚れたから清掃するのではなく、汚れないための清掃活動を進めます。

▽3年目……**不要品発生防止対策**（32項参照）。不要品は管理の不備で発生するので、管理の不備の改善を進めます。

▽4年目……**ヒューマンエラー対策**。ヒューマンエラーが出やすくなる環境（誘因）の大きなものが、5Sの整備状況です。ヒューマンエラーが誘発されにくい表示方法などを検討します。

▽5年目……**報連相運動の展開**。すべての改善活動は職場の人々のコミュニケーションで支えられています。これを高めるために、日々の報連相（報告・連絡・相談）の活性化を促します。

5Sの継続的改善の展開

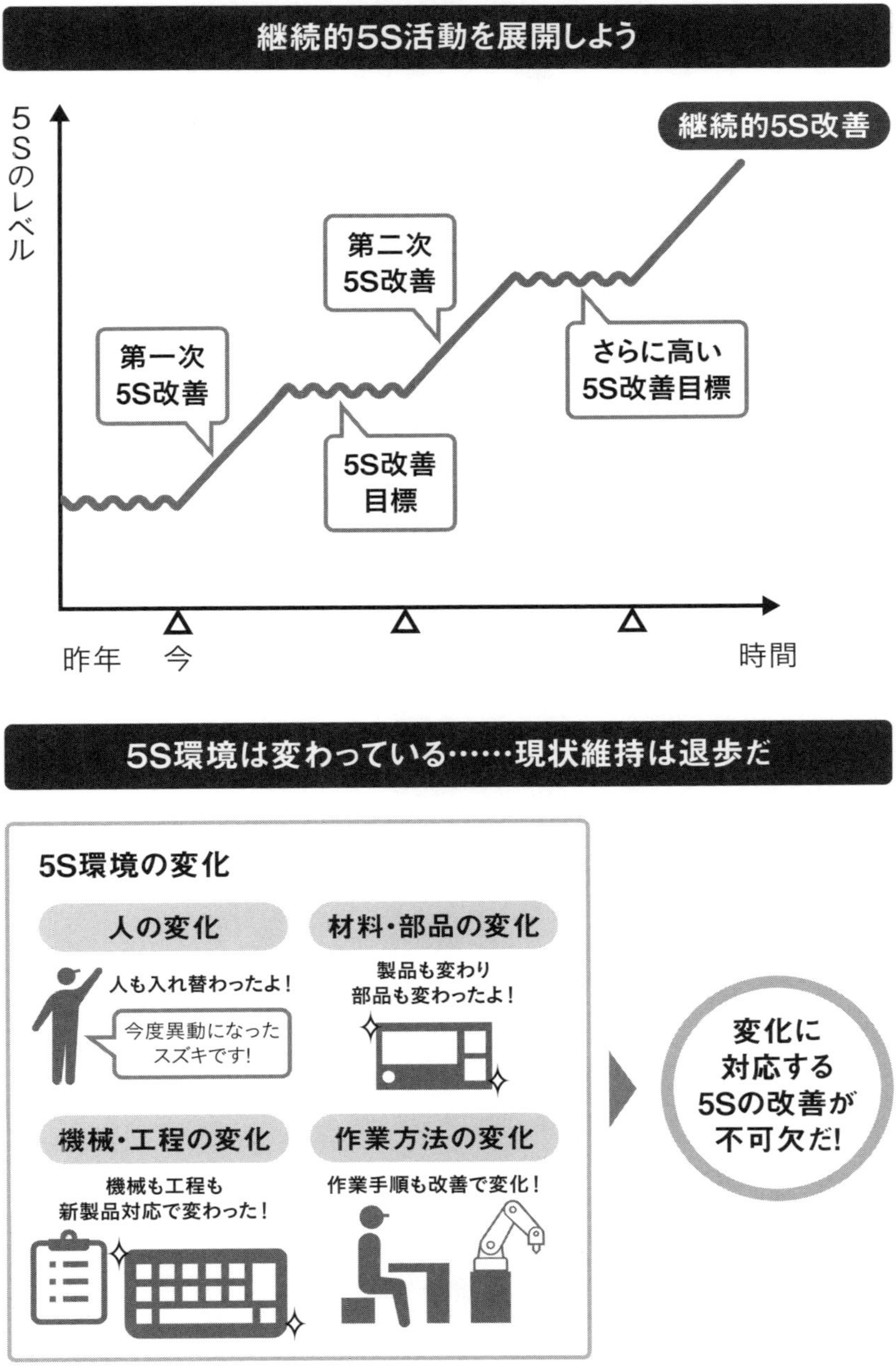
継続的5S活動を展開しよう
5Sのレベル
継続的5S改善
第一次
5S改善
第二次
5S改善
5S改善
目標
さらに高い
5S改善目標
昨年
今
時間
5S環境は変わっている……現状維持は退歩だ
5S環境の変化
人の変化
人も入れ替わったよ！
今度異動になった
スズキです！
材料・部品の変化
製品も変わり
部品も変わったよ！
機械・工程の変化
機械も工程も
新製品対応で変わった！
作業方法の変化
作業手順も改善で変化！
変化に
対応する
5Sの改善が
不可欠だ！

SECTION 59

5Sマインドを高める取り組みが必要

5Sマインド向上の進め方

5Sマインドを高めるには、上司の努力、会社の運動化の努力、そして本人の気づき力の向上が欠かせない。

5Sマインドを向上させる

5Sマインド（5S意識）とは、「5S活動の意義を理解して、生産活動に対する重要性を認識し、5S活動に積極的に参画しようという気持ちを持つこと」といえます。

この5Sマインドが育っていない人は、5Sのルールを安易に破るという行為にもつながります。このような事態を是正したり、または予防するためには、次のような取り組みが欠かせません。

管理監督者による個別推進

個別推進とは、ルール破りを行なった人への個別的、他律的な躾です。

管理監督者はルール破りの行動に対して、「叱る→ルールの重要性とルール破りの問題点を再認識させる→反省を求め、ルール破りの繰り返し防止を図る」ことが重要な責務として求められます。

5Sは職場の仕事の基礎です。この職場の規律を維持することは、管理監督者の基本的な役割と認識して遂行することが大切です（60・61項参照）。

運動化による推進

5Sマインドの向上は組織的な運動をとおして進めることも必要です。

5S活動の内容そのものは決して目新しいものではなく、当たり前のことを繰り返し的に行なうものが多いといえます。このため5S活動は、ともすればマンネリ化しやすい活動です。

そこでマンネリに陥らないように5Sマインドを維持するには、次のような活動を推進することが必要です（62・63項参照）。

・5S教育の充実
・新鮮な気持ちで5Sに取り組める企画の工夫

気づき力向上の推進

ルールを順守するというのは、最終的には本人の5S活動の重要性の理解度、そして5Sルールに対する納得度が左右するといえます。

そのためには、5S活動への理解度や納得度を生むきっかけを準備することが必要です。言い換えると、本人の5Sへの気づきを生むきっかけとなる場や状況をつくることです（64項参照）。

5Sマインド向上の進め方

5Sマインド向上の取り組み

5Sマインド（5S意識）が高い人は、

- 5S活動の目的や狙いを理解している
- 5S活動のモノづくり面での重要性を理解している
- 5Sのルールを理解している
- 5Sのルールを必ず守っている
- 5S活動（整理・整頓・清掃などの活動）に積極的に参画している
- 職場内でルール破りを見たら、これを注意している
- 改善意識が高く、現状の5Sの道具立てやルールについて、常にもっとよいものがないか考えている

このような人を育成するために、
次の3つの方策に取り組む

- **管理監督者による個別推進**
- **組織的な運動化による推進**
- **個人の気づき力向上の推進**

SECTION 60 ルール破りは必ず叱る

躾としての叱り方・指導の仕方

ルール破りを見つけたら、ルール破り自体の問題に気づかせ、再発させないための是正の指導が大切だ。

ルール破りの再発防止

ルール破りを指摘・指導することは、組織の維持機能として管理監督者に委ねられ、そして期待されている重要な役割です。

その狙いはルール破りの「再発防止」、すなわち是正です。

再発防止のためには、ルール破りをした人が指摘されたことを素直に認めて反省し、「もうやらないぞ」という気持ちを生み出すことが不可欠です。

ルール破りを見つけて怒鳴りつけただけで、「すっきりした」では困ります。

これでは感情をあらわに爆発させて「怒った」だけで、本人には結果として反発心が残ったままになり、二度と繰り返さないという気持ちにはなりません。

叱り方・指導の仕方のポイント

ルール破りを見つけたら、次のように指導（叱る）します。

- 小さなルール破りも見逃さない
- その場で指導（叱る）する
- 必ず指導（叱る）する
- 根気よく指導する

▽小さなルール破りも見逃さない

たとえ小さなルール破りでも、これを見逃してはいけません。見逃すと小さいルール破りが横行し、大きいルール破りへと拡大していきます。

▽その場で指導（叱る）する

ルール破りに気づいたとき、「あとで注意しよう」ではだめです。

その場で具体的にルール破りの事実を説明し、本人にルール破りをしたことを認めさせ、反省させることが必要です。

▽必ず指導（叱る）する

ルール破りを見逃すと、本人だけでなく周囲の人も、そのルールは破ってもいいんだと思い、ルール破りが職場で横行します。

▽根気よく指導する

1回指導したあとでも、再発したらすぐ、何度でも指導します。

このような指導態度は、部下からはうるさいと思われたり、疎まれたりもするので、やり抜くことは厳しいでしょうが、管理監督者の責務であると覚悟して臨むことが欠かせません。

躾での叱り方・指導の方法

ルール破りを指導するのは現場リーダーの責務だ

小さなルール破りも見逃さない

山田君、
不良品は仮置きせず
不良品箱に
入れなさい！
あっ不良だ
とりあえずここに
置いておこう！
山田
不良品
リーダー

その場で指導する。必ず指導する

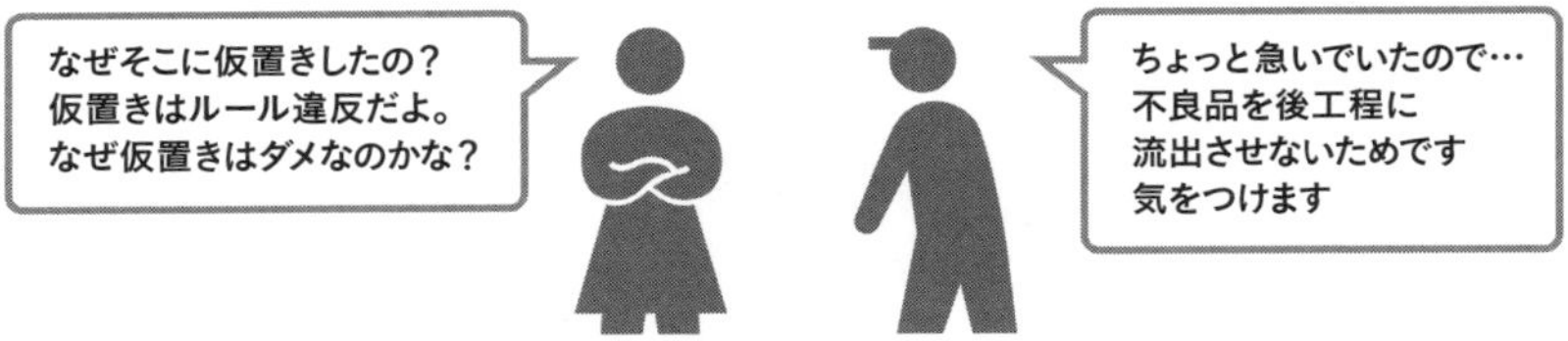
なぜそこに仮置きしたの？
仮置きはルール違反だよ。
なぜ仮置きはダメなのかな？
ちょっと急いでいたので…
不良品を後工程に
流出させないためです
気をつけます

根気よく指導する

翌々日
山田君、また仮置きしているね
きのうも注意したよね
仮置きは絶対にダメだ！
ルール厳守だ！
（まだまだルールが身についていないな。これから巡回頻度を上げよう）
すいません
「ついつい～」
気をつけます

ルール破りを指導するには、リーダーは自らにも厳しく「率先垂範」が肝要!

- 部下は上司の姿を見ている
- リーダーにはルールを必ず守る厳しい自己管理が不可欠

SECTION 61 叱る・指導にはコーチングが有効

コーチングによる5S指導

コーチングによる指導は、ルールを破った部下が問題点や改善策に合意・納得し、自らの仕事の仕方を変えるように導くやり方だ。

コーチングとは?

コーチングとは、十分に納得できる理由（客観的な事実）をあなたと部下が共有することで、問題点や改善策などについて合意し、部下の日々の仕事の仕方、取り組み方を変えることです。

コーチングでは、「質問、傾聴、承認」が大切です。

▽**質問**……「どうすればできると思いますか?」という質問を繰り返し使い、自ら考えさせて（答えは当人の中にある）、自発的行動を引き出すようにします。

▽**傾聴**……相手との信頼関係をつくるために、聞く姿勢が重要です。

話を真剣に聞いてくれている、という思いが信頼関係を生みます。その基本は、しっかり相手の目を見ながら、「うなずき」「あいづち」をしっかり行ない、そして相手を受容し、共感することです。

▽**承認**……相手の存在を認めることです。

人は自分の話を聞いてもらえると、認められたと感じ、認められると相手への信頼感も高まります。

ほめる、成果を認める、日常の挨拶をキチンとする、といったことも承認につながります。

5Sのコーチングでの質問例

▽**5Sの重要性を考えさせる質問**

・5Sはなぜ必要なのですか?
・5Sに関心が薄いのはなぜですか?
・5Sをどんなレベルにしたいですか?

▽**5Sのルールについて考えさせる質問**

・なぜルールを守らないのですか?
・このルールはなぜ必要ですか?
・このルールを破ると、どんな問題やムダが出ますか?
・どうすればルールを守れますか?
・どのようなルールにするといいですか?

▽**5Sマインドを高める質問**

・工具置き場を見てどう思いますか?
・所定の位置に工具を戻すことが、なぜ必要ですか?
・清掃の目的って何だと思いますか?
・皆が自主的に5Sを進めてくれるには、何が必要ですか?
・5S活動を計画どおり進めるには、どうすればいいですか?

コーチングによる5S指導

コーチングでのコアの質問

人は仕事に慣れてくると、今の方法が最良と信じて、自信を持って仕事に当たる。そのため、自分自身のためであっても、今のやり方を変えることに対しては、十分に納得できる理由がない限り、拒否反応を示す

▼

『どうすればできると思いますか?』

……という質問を繰り返し使い、自発的行動を引き出す

……自ら考えさせる(答えは当人の頭の中にある)

コーチングで役に立つ質問

投げかけ質問 ➡『この点はどうするつもりですか?』

- Yes／Noで答える質問(クローズド・クエスチョン)ではなく、5W1H(誰が? なぜ? 何を? どこで? いつ? どのように?)で答える質問をする(オープン・クエスチョン:投げかけ質問)
- 相手により深く、広い視点で考えるきっかけを与える

未来質問 ➡『どうすればできますか?』

- 将来に向かった、前向きな質問をする

肯定質問 ➡『何を行なうのがポイントだろうか?』

- 否定語を含まない、肯定質問で前向きなイメージにする

拡大質問 ➡『他には何かないだろうか?』

- より広い視点で考えさせ、アイデア創出の機会を与える

SECTION 62 体系的5S教育が5Sマインド向上のベース

5S教育の進め方

5S教育では、5S意識の向上、5S知識の向上、5Sルールの重要性の認識を狙いとして進める。

教育は最大の基礎づくり

5S活動の展開と定着のためには、教育により5Sマインドを高めることが欠かせません。この5S教育は、思いつきで行なうのではなく、体系的、継続的に行なうことが大切です。

5S教育の狙いは次の3点です。

①5S意識の向上を図る

仕事や改善の基礎としての5Sの重要性を理解させるとともに、個人にとっての5Sの重要性も理解させます。

②5Sの知識の向上を図る

5Sのうち、とくに整頓に関して作業効率の向上、ムダな動作の排除を目指す方法について教育します。

この教育では整頓の方式、狙いのレベルを品目ごとに行なうのも効果的です。

また他社の整頓のレベルについても、情報を与えるとよいでしょう。

③5Sのルール順守の徹底を図る

ルールの順守を抜きにして、5Sは成り立たないことを理解させます。

このため、守るべきルールは何かをイラスト図などで表わしたり、掲示して具体的に教育するのもひとつの方法です。

またルールに問題点がある場合の、改善の進め方についても、理解させることが必要です。

教育のタイミング

前記の教育はOJT教育として、管理監督者による個別推進（59項参照）の中でも行ないますが、Off・JT教育として次のようなタイミングで行ないます。

▽5Sの導入時の階層別教育（経営者、管理監督者、5Sリーダー、一般作業者）

▽整理の開始、整頓の開始など5S展開の節目での5Sリーダー教育

▽新入社員・異動社員への職場導入教育（作業手順や急所の教育、安全教育と合わせて実施）

▽その他の5S教育

・5Sリーダーを輪番制で1年ごとに交代し、多くの人に経験させることで、多くの人に5Sへの当事者意識を高める機会にすることも人材育成教育になる

・朝礼の中で、5Sのルールを守ることの重要性を訓示などで教育する

5S教育の進め方

職場別5S教育の定型化の例

教育の種類	教育内容	実施時期	教育担当	教育時間	テキスト
新入社員配属教育	5Sの基本 5Sのルール	4月	課長	1.5Hr	5Sマニュアル 5Sルール集
異動社員配属教育	5Sのルール	異動時	ライン長	0.5Hr	5Sルール集
担当作業変更教育	5Sのルール	担当作業変更時	ライン長	0.5Hr	5Sルール集
5Sミーティング	5S事例紹介	5月 10月	課長	1Hr	各自作成の事例紹介資料

職場に合った教育の実施方法を工夫しよう

5S点検基準表での教育

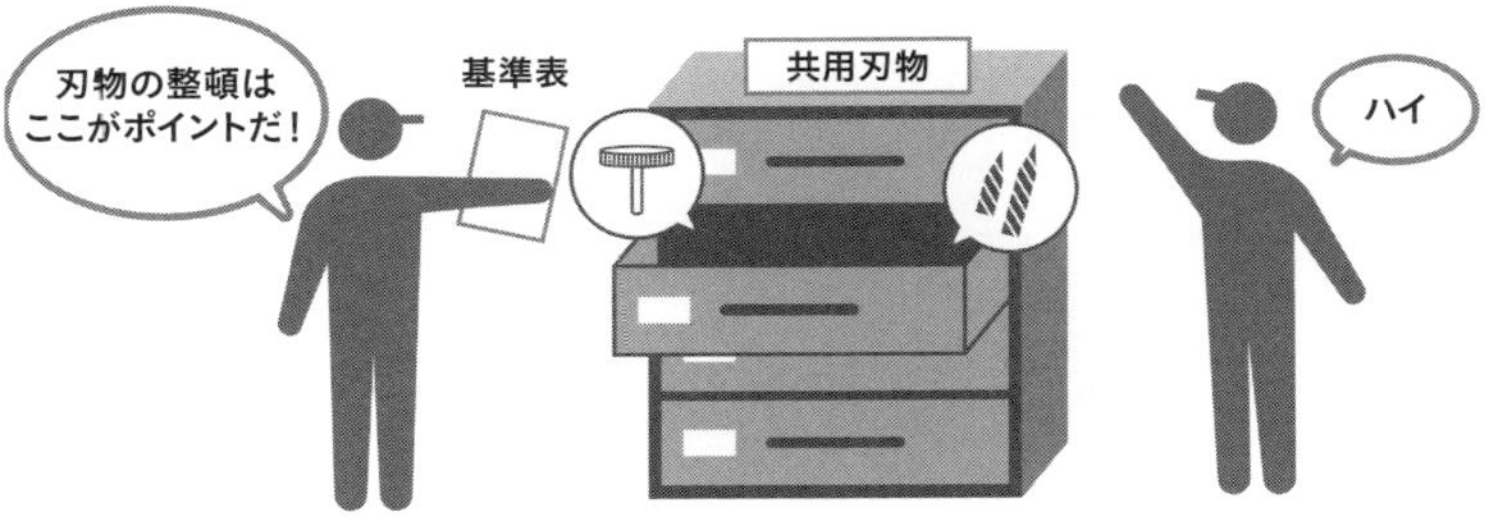

教育用ポスター

SECTION 63

5Sマインド向上のイベントを進める

5Sマインド向上のためのイベント

5Sはマンネリ化しやすい。5Sマインドも活動の推進がないと退歩する。常にマインドを高めるイベントを企画し、開催しよう。

5Sマインド向上のための企画としては次のようなものがあります。

定点撮影

各職場の代表的な箇所（ある特定の棚や作業台、またはモノを床置きしてある場所など）を選定して、定期的に（1〜3ヵ月間隔）同じアングルから撮影します。

この写真を時系列で並べて、改善点などのコメントや前回と対比してその間の努力などの評価をつけて掲示します。

これにより次の効果が期待できます。

・活動の足跡を見ることで、活動の促進や活性化に役立つ
・よい場所の写真が他職場の参考になる
・日頃気づかない点が写真で見えてくる

5S事例発表会の開催

各職場で工夫、改善した5Sの整理方法、整理の道具、清掃の仕方などを発表します。5S委員が審査員となって、この発表を審査し、表彰します。

発表内容は他職場のその後の活動に活用されたり、さらなる効果的な方法の開発のヒントになります。

5Sコンクールの実施

5Sは全員参加で行なう活動ですが、各グループの活動努力とその完成度を評価し、努力に報いるために表彰します。

完成度の評価は5Sチェックリストの評価点で行ない、コンクール期間中の完成度の上昇度合や、日頃の5S活動の努力度も加味して活動努力として評価するとよいでしょう。

このようなコンクールにより、5Sのノウハウの共有化も図れ、全社的な5Sレベルの底上げにもつながります。

5S新聞の発行

5S新聞は5S意識を啓蒙して、5S活動を活性化させるために発行します。

新聞では次のようなことを記事内容とします。

・5Sの意義や効果のアピール
・5S活動の計画内容やその進捗状況
・5Sの点検結果
・5Sをやってよかった点の感想
・各職場の工夫や活動状況、苦労談
・5Sリーダーによる5Sのレベルアップ方法などの座談会

5Sマインド向上のためのイベント

5S定点撮影の例

5S定点撮影	5S定点撮影	5S定点撮影
組立第3班　×年○月○日	組立第3班　×年×月×日	組立第3班　×年△月△日
		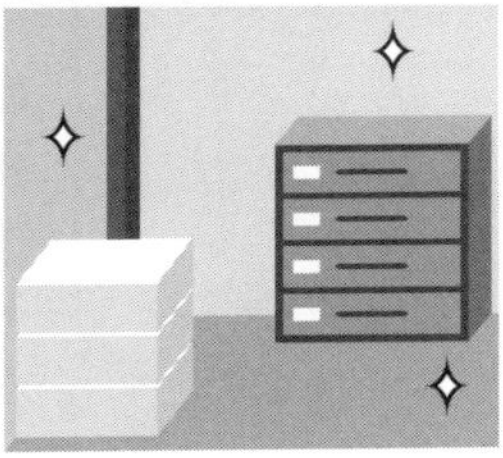
床置きの段ボール上の工具や部品は不要品ではないのか、基準を確認して処分しましょう	床置き段ボールは必要品か確認しましょう	場所表示がありません。適切な表示名をつけましょう

5Sコンクールの実施要領の例

1. 目的 ………………… 5S活動を定着させるために、5Sの改善活動についてコンクール行ない、優秀な職場、グループ、個人を表彰する
2. 競争単位職場 …… ○課、△課……
3. 審査対象期間 …… 審査対象期間は、1～3月…の年4回、それぞれ3ヵ月間とする
4. 表彰 ………………… 審査対象期間における優秀な職場を選考し、金賞、銀賞、銅賞……
5. 表彰内容………… ～～
6. 審査基準 ………… 優秀職場選考の審査基準は、下記項目を総合的に判断して決める

- 5Sチェックリスト（添付）による役員および5S委員点検の点数
- 上記点数の上昇度合、期間内の努力度合
- 5S月間重点目標の遂行度合

SECTION 64

各人が５Ｓの重要性に気づけば５Ｓは成功する

気づき力の向上を図る

外からの強制や押しつけだけでは、本人にとって真の重要性の気づきは得られない。自らこれに気づく仕掛けを企画しよう。

5Sルールを守るか否かは本人の5S活動の重要性の理解度、そして5Sルールに対する納得度に左右されます。

このようなルールを守る理解や納得を生むきっかけとしては、次のような工夫をするとよいでしょう。

自己チェック制度の活用

5Sチェック制度は客観的な評価とか、5S活動のPDCAを回すという面では効果があります。しかし第三者によるチェックでは、「指摘されたからやる」という受け身の姿勢を生みがちです。

そこで次のような自己チェック体制を整え、自ら気づくようにします。

・自己チェックリストを作成する
・定期的に（2週間に1回程度）自己チェックする
・チェック結果を5Sリーダーに提出する
・5Sリーダーはこれを見て、コーチングで指導する

職場相互診断の実施

ペアを組み交互にチェック係となり、5Sチェックをする制度です。他職場を診断すると、岡目八目で他職場の問題点に気づいたり、そこからいいアドバイスも生まれてきます。

このような他職場を見ることで生まれた気づきは、自職場の改善ヒントにもなり、自職場の改善の推進力になります。

5Sチェック員の輪番制

5Sチェック員を交代で行なわせます（輪番での5Sチェック員制度）。

他職場を輪番で観察・診断することで、自職場の5Sの問題点に気づき、また、ひるがえって自身の5Sへの取り組みの問題点にも気づく機会を広げます。

外部セミナーへの参加

一般社員は外部のセミナーなどへの参加の機会は少ないでしょう。

従業員に外部機関主催の「5Sセミナー」に参加させると、社外の人の声として5Sへの取り組み姿勢などを重く受け止め、5Sの重要性を改めて認識する機会になります。

5Sへの関心が薄い管理監督者でも、社外5Sセミナーへの参加は5Sへの意識改革として役に立つものです。

気づき力向上を図る

5Sチェック員輪番表の例

診断先職場 ＼ 診断担当職場	検査課	加工係	ユニット組立係	総組立係
検査課		1月		5月
加工係	6月		2月	
ユニット組立係		7月		3月
総組立係	4月		8月	

自己チェックリストの例

自己チェックリスト

対象	チェック項目	○	×
工具	表示は適切か？		
	手持ち基準は適切か？		
	使用後の戻しはよいか？		
不良品	不良品箱以外に保管していないか？		
	不良品の処置は適切か？		

COLUMN 08

企業再建も5S（6S）から

日本電産株式会社の会長である永守重信氏は、企業買収とリストラなき企業再建で著名な方です。

経営不振の企業50数社の再建を手がけ、そのほとんどを1年以内に黒字化させてきた経営再建の名手として知られています。

永守さんが企業を買収する際には、その企業が優れた技術力を持っているか否かにポイントを置いています。「社員の生産性や労使関係といった問題は1、2年で解決できるけれども、技術力を蓄積するには10年はかかる」と見ているからです。

永守さんが企業の再建に向かう際に真っ先に言うことは、意識改革と「企業カルチャーを変えろ」です。

「情熱、熱意、執念」「知的ハードワーキング」「すぐやる！　必ずやる！　出来るまでやる！」という行動理念を説き、6S（整理・整頓・清潔・清掃・作法・躾）の徹底をとおして3Q（良い社員、良い会社、良い製品）を高めることを目標にしています。

経営不振企業の再建に際しては、挨拶の徹底で社員の元気とコミュニケーションを高めるという躾を浸透させ、必要のない蛍光灯は外して節電、事務用品などは一箇所に集めてリユースというようなムダの排除を徹底して追求しています。

このような思いと活動のベースにあるのは、すべて6S（5S）といえます。「改善活動は形、行動から入らせる」。これを繰り返し実践することにより、組織体質とカルチャーを変えるのが一番の早道との考えでした。

企業再生には、東洋医学流の「企業の体質改善で再建を進める方法」と、西洋医学流の「人員削減や赤字事業の切り捨てによる外科手術で立て直す方法」がありますが、永守さんは東洋医学流で、社長など経営陣は代えず、人減削減もしないで、5S活動を中心に仕事のやり方を徹底的に変え、見事に企業再建を行なってきたのです。

事務作業を効率化する
ファイリングの進め方

SECTION 65 事務作業の効率化はファイリングから

事務現場でのファイリングの重要性

ファイリングは事務作業での基礎改善だ。基礎改善ができていないと事務作業の管理の仕組みもうまく回らない。

事務作業の多くは、たくさんの書類を介して行ないます。その書類が見つからないとか、探し出すのに時間がかかるようでは、いい仕事ができません。

ファイリングができていない職場では

「田中君、先週の生産会議に提出した、来年度の年度生販在計画書を持ってきてください」「はい（あれ？ どこだったかな、見つからないな）」

（お客様からの電話）「10日前にファックスで注文した化粧品がまだ届かないんですが。確か5日以内で届くといってましたよね」「ご迷惑をおかけします。調べて折り返し電話いたします（あれ？ ファックスが見つからないな）」「（2時間後）連絡がないんですが、どうしたんですか？」

このように、必要な書類が見つからなければ、お客様や上司の満足度を高めることができるでしょうか？

ファイリングで業務の基礎づくり

事務作業において「業務・サービスの仕組み」を効率的に展開するには、業務実施の基礎が必要なのです。

前の例でいうと、生産会議（業務）をスムーズに実施するには、必要な書類がすぐ探し出せることが必要であり、それを実現するのが、情報の面での業務実施の基礎であるファイリングです。

ここで「ファイリング」とは、書類を効率的に活用できるように分類・整理し、保管から保存、そして廃棄へと管理する仕組みです。

ファイリング導入の狙い

ファイリング導入の狙いは大きく分けて、①業務効率の向上と、②業務の質の向上（情報の有効活用）です。

これらを進める中でオフィスの情報面の基礎を固めます。

①業務効率の向上面では、「書類の検索作業の効率化（タイムセービング）」「オフィススペースの効率的活用（スペースセービング）」を狙いとして推進します。

時間と空間のムダの排除です。

②業務の質の向上面では、「書類（情報）の共有化による業務の付加価値の向上」「知的生産性の向上」を狙いとして推進します。

事務現場でのファイリングの重要性

ファイリングでのワンベスト

業務効率の向上と業務の質の向上(情報の有効活用)という狙いを達成するには、以下の「ワンベスト原則 (ONE IS BEST)」を掲げて推進すると効果的

- **ワンロケーション** → **保管文書は1箇所のみで保管して重複させない**
- **ワンファイル** → **文書類は私物化せずにグループで管理する**
- **ワンペーパー** → **報告書などは原則として書類1枚にまとめる**
- **ワンオリジナル** → **コピーせず原紙だけを保管する**
- **ワンシステム** → **保管から保存へと機械的に処理できるシステムにする**
- **ワンアクション** → **文書の取り出し・収納がスピーディにできるようにする**

ファイリングでの用語

本書ではファイリングに関する用語を次のように統一する

	文書を綴じたものの呼び方	単独の文書の呼び方
紙文書	ファイル	書類
デジタル文書	フォルダー	ファイル

SECTION 66

ファイリングの進め方には手順がある

ファイリングの進め方

モノの５Ｓで整理を第一にしたのと同様に、ファイリングも前段として書類の整理を行なう。続いて書類の整頓として保管管理の仕組みをつくる。

ファイリングとは？

どこの職場でもファイリングを実施していますが、多くの場合、間に合わせ的なものになっています。

効率のよいファイリングをつくり上げるには、ファイリングの目的を見すえて、システム的でしっかりした仕組みが必要です。

「ファイリング」の仕組みを「ファイリングシステム」といい、次のように考えてください。

「作成または受領・収集した書類を効果的に活用・処理をして、必要に応じて保管・保存し、最終的に廃棄にいたるまでの活動（書類のライフサイクル）を、体系的にシステム化した書類の管理体系」

ファイリングには手順がある

ファイリングシステムをつくり上げるには、推進手順を事前に検討し、設定します。これを効率的に進めるためには、次の基本の手順をしっかりと踏みます。

①書類整理の実施

ファイリングシステムの構築に際しては、まず書類整理を行ないます。書類整理とは、不要な書類を職場や身の回りから一掃することです。

不要な書類を抱えたままファイリングシステムの構築を進めると、ムダな書類まで分類して保管することになります。これによりスペースのムダを含んだままの仕組みができてしまいます。

また、ファイリングシステムを活用する段階においても、必要な書類が不要な書類に紛れてしまい、書類の検索効率（探す時間）が下がります。

②仕事の洗い出し

ファイリングの対象は書類です。書類は仕事があるから発生します。仕事に即した、仕事に役立つファイリングシステムを築くには、仕事の全体像・仕事の体系を把握することが欠かせません。

③書類の保管体系・管理基準の設定

仕事の全体像をつかんだら、仕事を効率的に支援する書類の保管体系の設定と、書類のライフサイクルを管理する書類の管理基準を決めます。

この手順がファイリングシステム構築の中心的段階といえます。

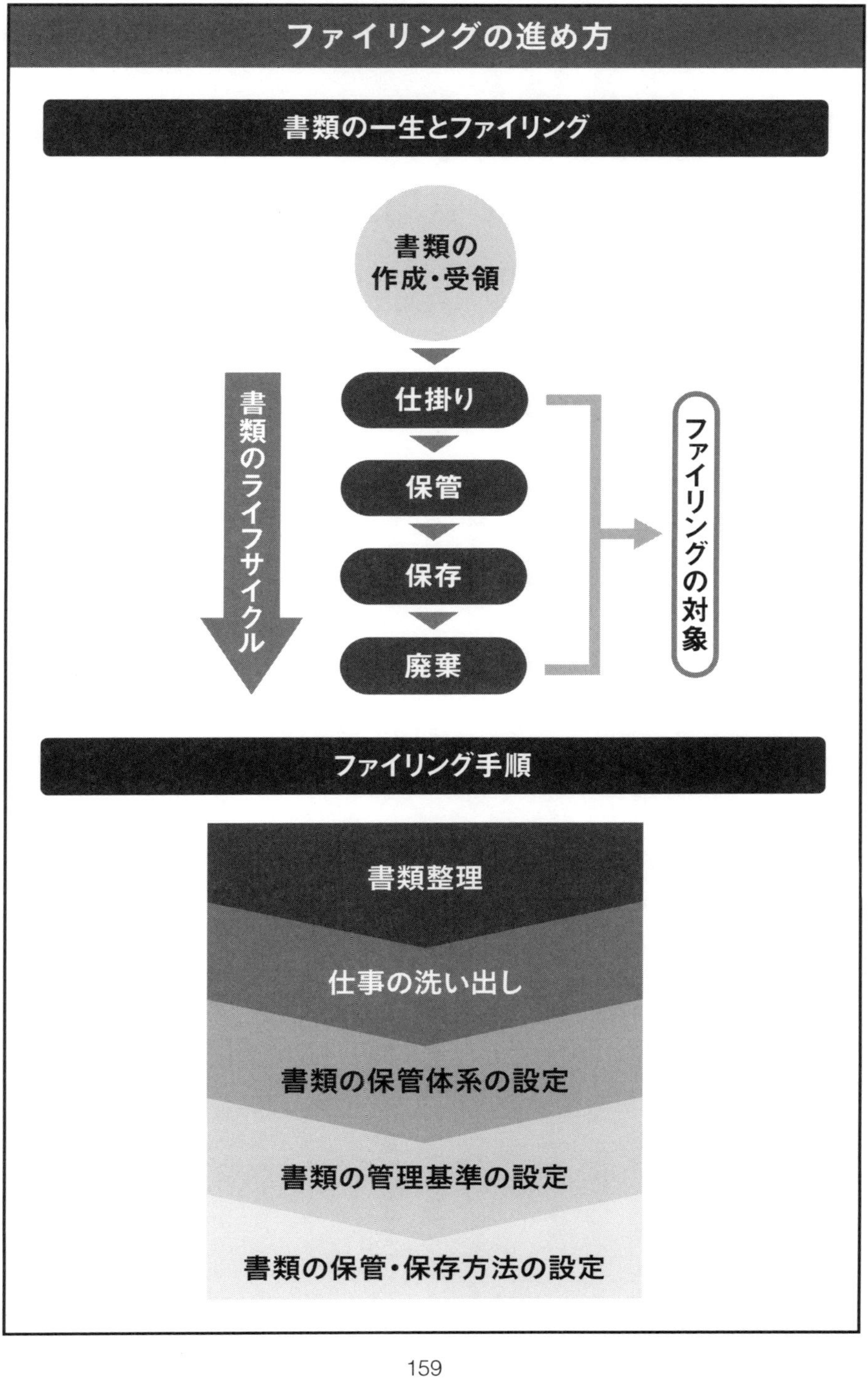
ファイリングの進め方
書類の一生とファイリング
書類の作成・受領
仕掛り
保管
保存
廃棄
書類のライフサイクル
ファイリングの対象
ファイリング手順
書類整理
仕事の洗い出し
書類の保管体系の設定
書類の管理基準の設定
書類の保管・保存方法の設定

SECTION 67

不要、過剰な書類を一掃する

書類の整理が第一歩

不要、過剰な書類の一掃のために、暫定的な書類の廃棄基準を設定して、効率よく書類減らしを行なう。

書類の整理を進める理由

職場には不要書類にとどまらず、誰が活用しているのか、誰が管理しているのか不明な書類も多く見受けます。

このような状態でファイリングを進めると、必要な書類が不要書類の山に埋もれ、効率的に検索できなくなります。

また保管スペースを浪費したり、余計なファイリング作業が生じたりします。

こうしたムダを生じさせないために、ファイリングの仕組みづくりに先立って、現有書類についてどこかで割り切りをつけ、現有書類の廃棄、すなわち不要書類の一掃運動を実施します。

著者の経験では、徹底的に不要書類の廃棄を進めると、書類の量が半減、または3分の1くらいになります。

書類整理の進め方

書類整理を推進するためには、現有書類の状況をつかむために、書類の棚卸を行なうと効果的です。

書類の棚卸により、現状の書類量や書類の種類を把握します。これにより、「この書類は何だろう。誰も使っていないな」「原紙とダブったコピーがたくさんあるな」などということが多く出てきて、書類の削減成果も予測できます。

書類の廃棄基準

書類の廃棄段階では、次のような概略の基準をつくって廃棄を迅速に進めます。

①ひとつ目の基準は「即廃棄基準」

即廃棄基準とは、書類をひと睨みして、即判断して捨てるための基準です。

したがって書類の外観面などで、判断が容易にできるようにしておくことが必要です。

②2つ目の基準は「簡易廃棄基準」

即廃棄基準はひと目で判断できるようにするため、あまり明確な判断基準とはいえません。

より明確に廃棄を進めるためには、「簡易廃棄基準」と呼ぶ、書類の種類ごとに廃棄の基準を決めたものを設定します。

ひとつの廃棄の基準としては、書類が作成されてからの経過期間で設定します（例：作業指示書＝1年）。

本格的な書類の廃棄基準はファイル体系の設定の中で検討します。

書類の整理が第一歩

書類の削減・廃棄は要所要所で行なう

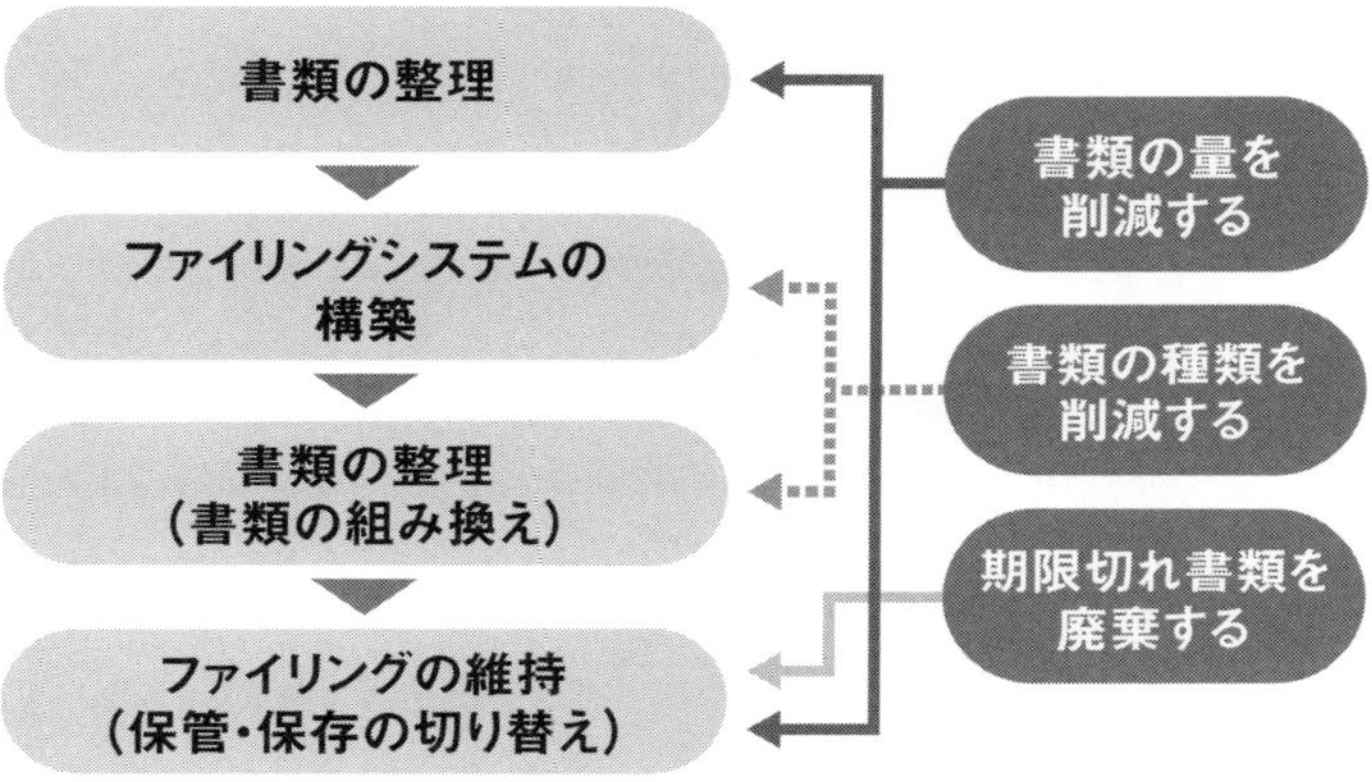

即廃棄の基準例

a.用済み・不要なもの

- 処理が終わって保管が不要なもの
- メモで用済みのもの
- 清書済み・ワープロの原稿
- 回答などで用済みのもの
- 用済みのコピー書類（オリジナルの所在がはっきりしているもの）
- 参考程度に送られてきた報告書・通知
- 取り扱わなくなった商品の販売資料　　など

b.重複保管のもの

- 原紙の所在が明確で、すぐ入手できるもの
- 重複して保管している書類
- 再生が簡単にできる書類　　など

c.陳腐化したもの

- 差し替えられた資料の古いもの
- 所定の保存期間が過ぎた書類
- 5年以上経過した統計書籍　　など

SECTION 68

仕事のためのファイリングシステムをつくる

ファイリングのフレームづくり

仕事から生まれたのが書類だ。生まれてきた仕事をキチンと把握し、仕事の分類などを考慮して書類の分類体系を設定する。

ファイル体系表の役割

書類は複数の人が共用して活用するので、ひとつの基準で設定した分類体系に従って保管することが効率的です。

書類は仕事があるから生まれ、仕事のために活用するものです。ですから仕事や業務の体系や分類に準じたファイル体系を設定するのがもっとも理にかなっているといえます。

仕事の洗い出しと業務分類表のつくり方

自分の職場の業務をもれなくリストアップし、それを大分類・中分類の２段階で整理します。

通常は業務の中分類よりさらに細かく分類すると、書類の作成や処理に関わる作業になってきます。

そこで業務分類ではこの手前の、業務の細分化された中分類段階の業務項目の洗い出しで十分です。

書類の共用化を進めるためには、部または会社全体などのように、できるだけ大きなくくりでの**業務分類表**を作成するようにします。

業務ファイル体系表をつくる

業務分類表の中分類ないしは大分類の業務ごとに、これに関連する書類をまとめて綴じ込んだファイルを**業務ファイル**といいます。

業務分類表の、各中分類に属する業務を行なうときに作成したり、受領・入手したりする書類を小分類としてリストアップして作成したものが、**業務ファイル体系表**となります。

多くの場合、小分類レベルの業務は次のように、それぞれ「書類レベル」に相当します。

例：「ある計画書類を作成する」「ある業務指示書を作成する」「関連部門からデータを受領する」「ある記録を残す」

案件ファイル体系表

仕事には案件ごとに、関連する業務の始まりから完了までの一連の書類をファイルにまとめて綴じ込んでおくと、やりやすいケースがあります（例：製品別の開発計画→試作→生産計画→製造準備→製造……などの一連の活動で発生する書類）。このようなファイルを**案件ファイル**といいます。

ファイリングのフレームづくり

業務分類表の例

大分類＼中分類		1	2	3	4
11	購入品調達	仕入先選定	価格（設定交渉）	発注	納期督促
12	在庫管理	主材料（入庫検収）	主材料（保管）	主材料（出庫）	副材料（入庫検収）
13	棚卸	期末棚卸	月次棚卸	棚卸評価	

業務ファイル体系表の例

大分類＼中分類		1	2	3	4
11	購入品調達	**仕入先選定** ● 取引先調達表 ● 取引基本誓約書 ● 会社経歴書	**価格（設定交渉）** ● 他社の見積り ● 価格動向調査書 ●協定価格書	**発注** ● 手配票 ● 発注リスト ● 購入申請書	**納期督促** ● 納期管理リスト ● 製番別督促リスト ● 入検表
12	在庫管理	**主材料（入庫検収）** ● 電子部品入荷速報 ● 在庫品速報 ● 購入申請速報	**主材料（保管）** ● 機械部品リスト ● 製番別部品リスト ● 種類別部品リスト	**主材料（出庫）** ● 機械部品手配表 ● 出庫リスト ● 製番別リスト	**副材料（入庫検収）** ● 戻入伝票 ● 振替伝票
13	棚卸	**期末棚卸** ● 一般在庫原材料 ● 戻入実績表	**月次棚卸** ● 帳簿棚卸	**棚卸評価** ● 常備品 ● 非常備品	

SECTION 69

書類の整頓基準を明確にする

書類の整頓基準

書類は、作成または受領後の保管・保存の進め方や基準を明確にし、廃棄するまでを管理できるようにする。

保管と保存の定義

ファイリングでは「保管」と「保存」という言葉を使い分けます。

「保管」とは、活用頻度の高い状態の書類を、**オフィス内で所定の期間、管理すること**をいいます。

「保存」とは、活用頻度の低い、または活用が終わった書類、ないしは処理が終わった書類を、**書庫などで所定の期間、管理すること**をいいます。

オフィスの保存スペース（書庫など）を効率的に活用するためには、極力早めに書類を保管から保存へ、保存から廃棄へと置き換えることが必要です。

保管と保存の期間を設定する場合は、例えば「産業廃棄物管理票」などの法的要求があるものはこれに従いながら、業務に支障のない範囲でできるだけ短く設定します。

保管・保存期間の設定

保管・保存期間は、実際の書類の活用実態（期間経過と活用頻度の実態）を判断して**ファイル基準表**に設定します。

写しの書類の場合は、原紙が他職場できちんとしたルールで保管・保存されていれば、思い切って保管期間を短くし、基本的には保存の設定はしません。

移動ファイルと固定ファイル

保管から保存、保存から廃棄という置き換え時のやり方として、次の2種類があります。書類の種類や量、またその活用の実態を見ながら設定します。

・固定ファイル方式……同一ファイル（収納具）などに順次新しい書類を綴じ込むとともに、設定した保管期間が満了すれば順次そこから抜き取り、原則廃棄したり、保存に回します。

したがってこの方式では、ファイルは同一場所で繰り返し使用され、中身の書類だけが入れ替わります。

・移動ファイル方式……ある一定の期間、書類を所定のファイルに順次綴じ込み、その書類に設定した保管期間が満了した時点で、ファイルごと保存に回したり、廃棄する方式です。

したがってこの方式では、ファイルは順次場所を移動していくので、継続して繰り返し使用することはありません。

書類の整頓基準

ファイル基準表の例

大分類：市場情報

中分類	小分類	ファイル種類	ファイル用具		保管期間	保存期間
			種類	厚み		
市場調査	調査報告	㊫ 案	2バ 箱	5 cm	2年	5年
	他社価格	㊫ 案	2バ 箱	5 cm	2年	5年
	日経テレコム	㊫ 案	2バ 箱	8 cm	1年	ー
技術調査	調査報告	㊫ 案	2バ 箱	8 cm	5年	5年
	他社カタログ	㊫ 案	2バ 箱	8 cm	5年	3年
	他社技術情報	㊫ 案	2バ 箱	5 cm	3年	2年

業：業務ファイル　案：案件ファイル

固定ファイル方式と移動ファイル方式

固定ファイル方式

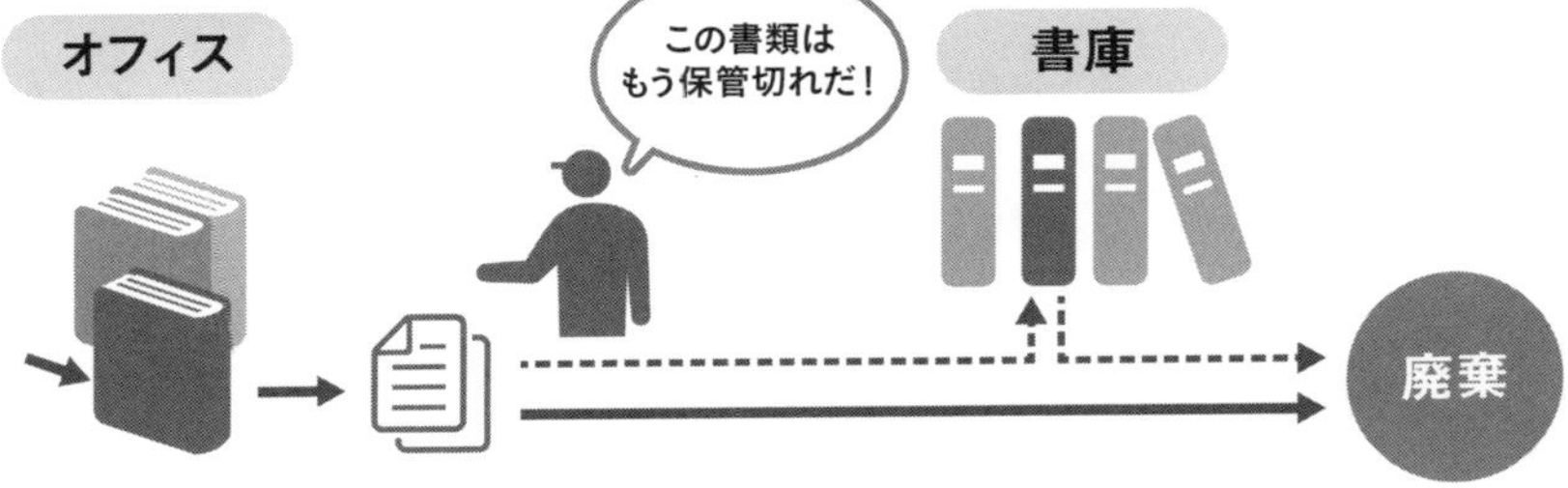
オフィス
この書類は
もう保管切れだ！
書庫
廃棄

移動ファイル方式

オフィス
これは保管終了、
ファイルごと
書庫に移そう
書庫
保存が終了
したら捨てます
廃棄

SECTION 70

必要な書類をすぐ探せる表示を工夫する

ファイルの表示の仕方

必要な書類を素早く探すために、ファイルの保管位置の表示、ファイル内の書類の位置を示す中仕切り表示を行なう。

書類保管マップと場所表示、位置表示

書類を検索する際の行動を見ると、

①まず必要な書類のファイルなど（バインダーなどの収納具）を探し出す。該当するファイルが収納されている書棚がわかれば、書棚を場所表示で確認し、書棚の位置表示で位置を知り、品目表示の背表紙で必要なファイルを確認する。

②そのファイルの中で必要な書類を、背表紙や中仕切りなどを元に探す。

そこで実際に、書類をこのように検索できるようにします。

まず、職場のどの棚に必要な書類（必要な書類が収納されているファイル）があるかを**書類保管マップ**で示します。

その棚では、3種類の表示「**場所表示、位置表示、品目表示**（背表紙に表示する）」でファイルの所定の位置を明確にします。

背表紙の働きとポイント

・**検索機能**……背表紙には分類名やファイル名を明記して、書類を誰でも、すぐに探せるようにします。

・**管理機能**……背表紙に「保管→保存→廃棄」の置き換えの時期を明記することで、書類の管理を見える化します。

このような働きをはたす背表紙には、次のような記載項目を設定します。

・**記載項目**……分類名、ファイル名、書類の発生日、保管や保存の期間または期限、廃棄時期、管理部署　など

ここで分類名は、業務の大分類名または中分類名を記載し、ファイル名は書類名または業務の中分類名を記載します。

中仕切りの働きとポイント

ファイル中の書類量が多い場合に、検索速度を上げるのが中仕切りです。

・ひとつのファイルの中に複数の中分類項目や小分類項目（書類名）が入っている場合は、それぞれその名称で中仕切り（一次）を作成する

・多くはひとつの小分類項目（書類名）の下に複数の書類が綴じ込まれる。この場合、発生日付順に綴じ込み、その日付を記入した中仕切り（二次）を作成する

・利用の仕方や検索の利便性によっては、件名の名称順（会社名順、県名、地域名順など）に綴じ込んで、その名称の中仕切りを作成する

ファイルの表示の仕方

これで書類は見つかる

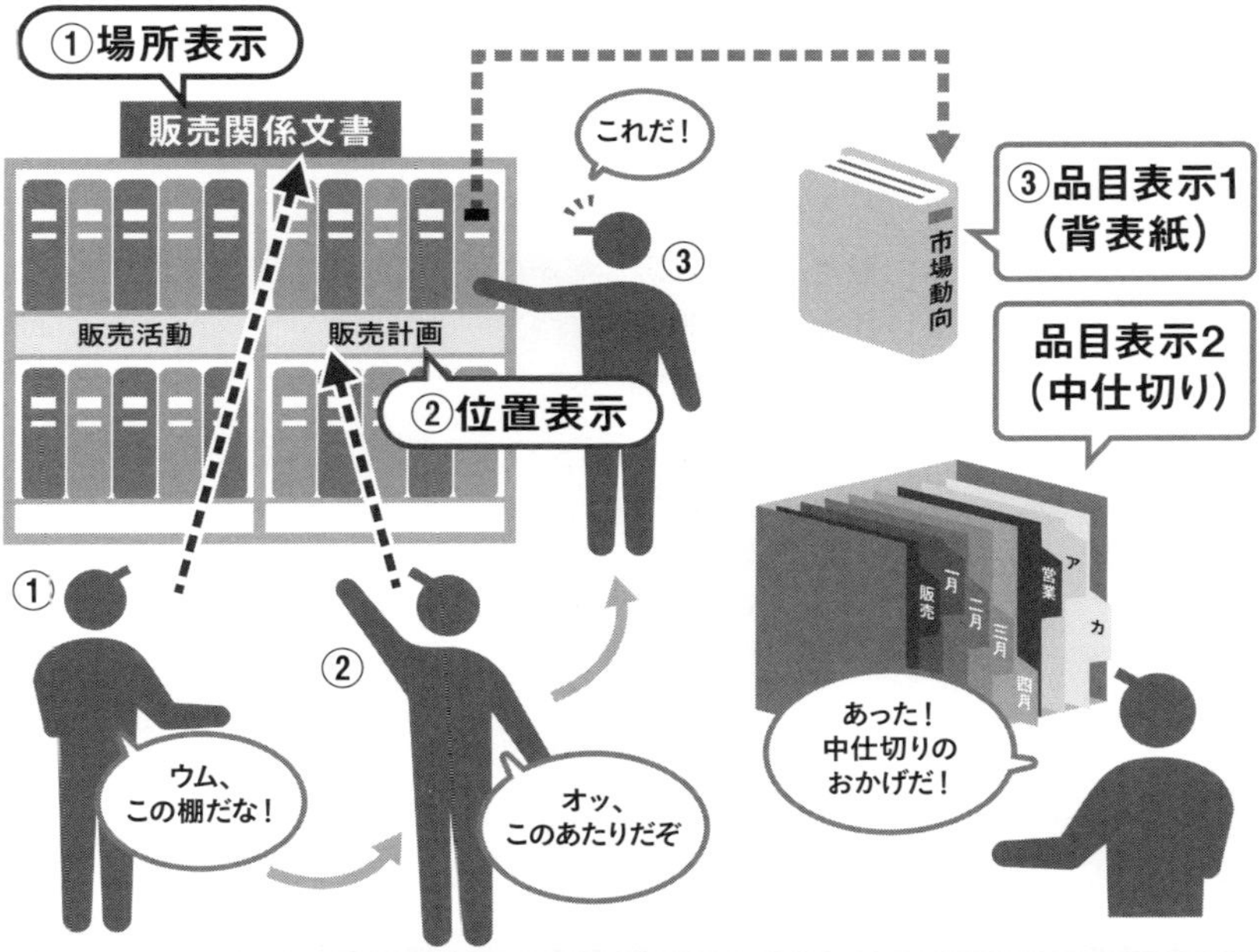
①場所表示
販売関係文書
販売活動
販売計画
②位置表示
これだ！
③品目表示1
（背表紙）
市場動向
品目表示2
（中仕切り）
販売
一月
二月
三月
四月
営業
ア
カ
①
ウム、
この棚だな！
②
オッ、
このあたりだぞ
③
あった！
中仕切りの
おかげだ！

背表紙の例

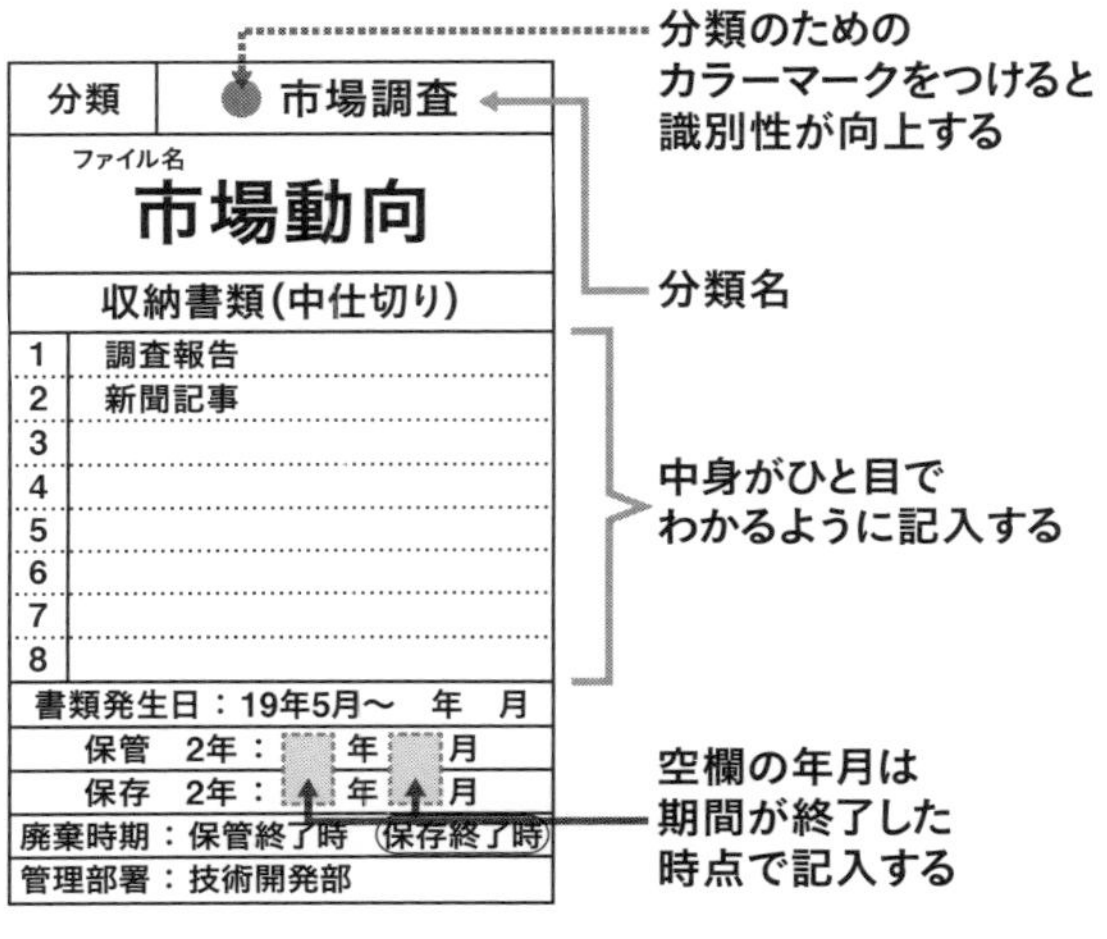
分類
市場調査
ファイル名
市場動向
収納書類（中仕切り）
1　調査報告
2　新聞記事
3
4
5
6
7
8
書類発生日：19年5月〜　年　月
保管　2年：　年　月
保存　2年：　年　月
廃棄時期：保管終了時　保存終了時
管理部署：技術開発部
分類のための
カラーマークをつけると
識別性が向上する
分類名
中身がひと目で
わかるように記入する
空欄の年月は
期間が終了した
時点で記入する

SECTION 71

仕掛り書類の流れと状態を見える化する

仕掛り書類の管理の仕方

日々変化している仕掛り書類は、仕事の処理状態そのものだ。この仕掛り書類の流れと状態を見える化することが仕事の進行に役立つ。

仕掛り書類の管理のポイント

保管・保存段階の書類は、静的なファイルといえます。

しかし仕掛り段階の書類は、まさに動的なファイルです。毎日、時々刻々、仕掛り書類の状況は変化しています。この変化の状況が見えるようになっていないと、仕掛り書類は管理状態にあるとはいえません。

仕掛り書類が管理状態になっていないということは、その仕事・業務が管理状態ではないということを意味します。

仕掛り書類の管理で大切なのは、書類のPDCA（計画・実施・チェック・処置）が見えるということです。

P：「計画が見える」ということは、その書類がいつまでにどういう状態・段階になっている必要があるのか、ひと目で見えるということです。

D：「実施が見える」ということは、今その書類の内容がどのような状態なのか、どの段階まで進んでいるのかがひと目で見えるということです。

C：「チェックが見える」ということは、その書類の業務の進捗状況に問題点がある場合に、ひと目でわかることです。

A：「処置が見える」ということは、その書類の業務の問題点に対する処置状況がひと目でわかるということです。

仕掛り書類の見える化はこう進める

仕掛り書類の見える化のためには、処理中の書類を仕分けする箱やトレーを用意するのが効果的です。

そこに各々の、業務処理の段階や進捗状況の状態を表示して、対応する書類を一時保管します。これにより各書類の現時点での状態がすぐにわかります。

問題がある書類は「技術課題未解決書類」などと表示した箱やトレーに一時保管し、その存在を明確にします。

このような仕掛り書類の箱やトレーは、業務中は担当者の机の上に置いてもいいのですが、帰社時には書類保管棚の担当者名を表示した所定の場所に戻すようにします。

机の一番下の引き出しに収納できるのであれば、「仕掛り書類・手元書類」と表示して保管してもいいでしょう。

仕掛り書類の管理の仕方

仕掛り書類の見える化

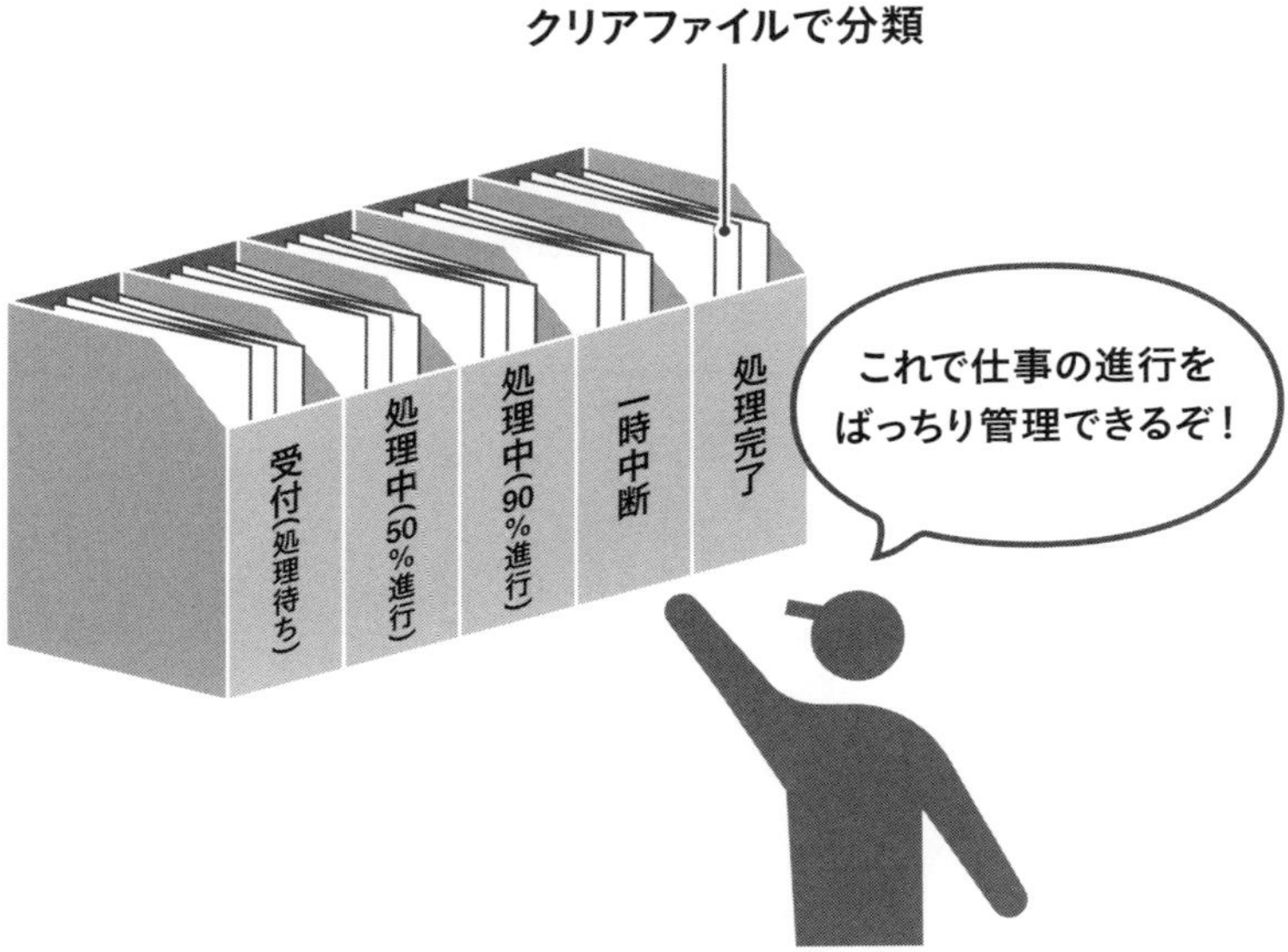

仕掛り書類は所定の位置に保管する

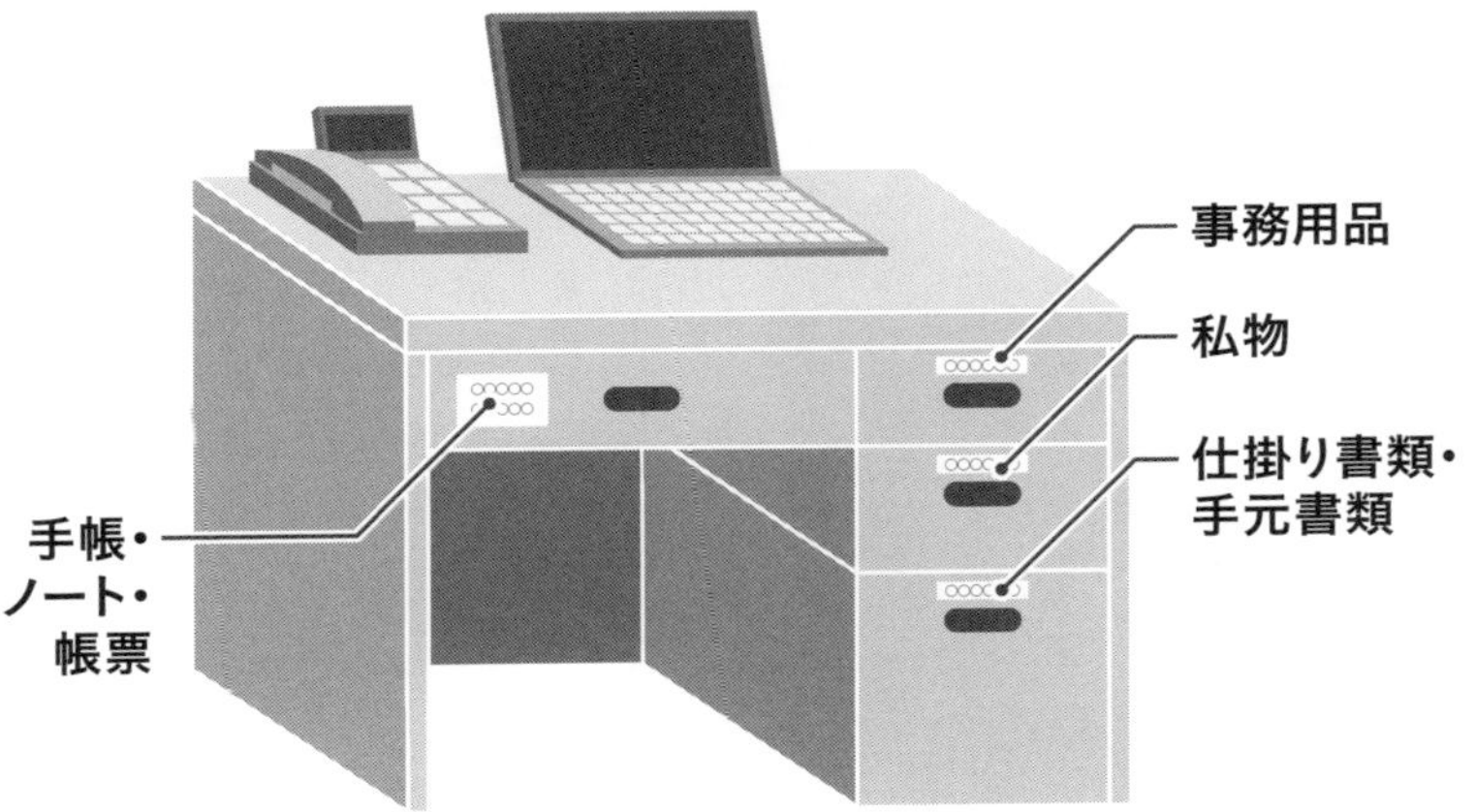

SECTION 72

デジタル文書も紙文書と同じ体系で管理する

デジタル文書のファイリング

管理上や運用上で見える化しづらいデジタル文書も、ファイル名、フォルダー名のつけ方などで見える化の方法を工夫する。

ＩＴ化が進み、デジタル文書のままで保管するケースが増えてきています。

また、ある目的のために書類（紙文書）とデジタル文書の両方を同時に活用するケースも増えてきています。

このような状況下では、両者のファイル体系の構成を同じにすると、迷わずに必要な書類を探し出すことができます。

デジタル文書の見える化

デジタル文書は紙文書と比較すると、管理上・運用上で見えない要素が多く、また仕組みの一覧性に欠ける面もあります。そこでデジタル文書も紙文書と同じように見える化することが、ファイリングの管理上や運用上では大切です。

フォルダーとファイルの見える化

（以下では、簡易なパソコンベースの文書管理のイメージを示します）

紙文書では書類管理基準を背表紙に明記できるので、運用がしやすい長所があります。デジタル文書もできるだけ、このような状態に近づけることが必要です。

フォルダーの名称には、大分類または中分類とともに保管・保存の期間を同時に入れるようにします（コンピュータでの「フォルダー」とは、単独のデジタル文書を収納するものです）。

例えば、『生産計画：2年／1年』と記して、『生産計画』（このフォルダーの名前）という分類名では保管2年、保存1年……ということを示します。

各ファイル名にはその作成・入手または受領年月を同時に示します（コンピュータでの「ファイル」とは、単独のデジタル文書を指します）。例えば、『２０１９０５年度生産計画書』と記し、この年度生産計画書は２０１９年5月に作成したものだということを示します。

仕掛りファイルの見える化

仕掛りファイルはそのショートカットをデスクトップに作成し、常に状況がひと目で見えるようにします。

デスクトップ画面の一番上の行は未着手の文書を並べ、2行目は50%完了のものを並べ、3行目には完了したものを並べる……などとルールを決めて配置することにより、仕掛りファイルの進捗状況が見える化されます。

デジタル文書のファイリング

デジタル文書の「見える化」の例

エクスプローラーの画面

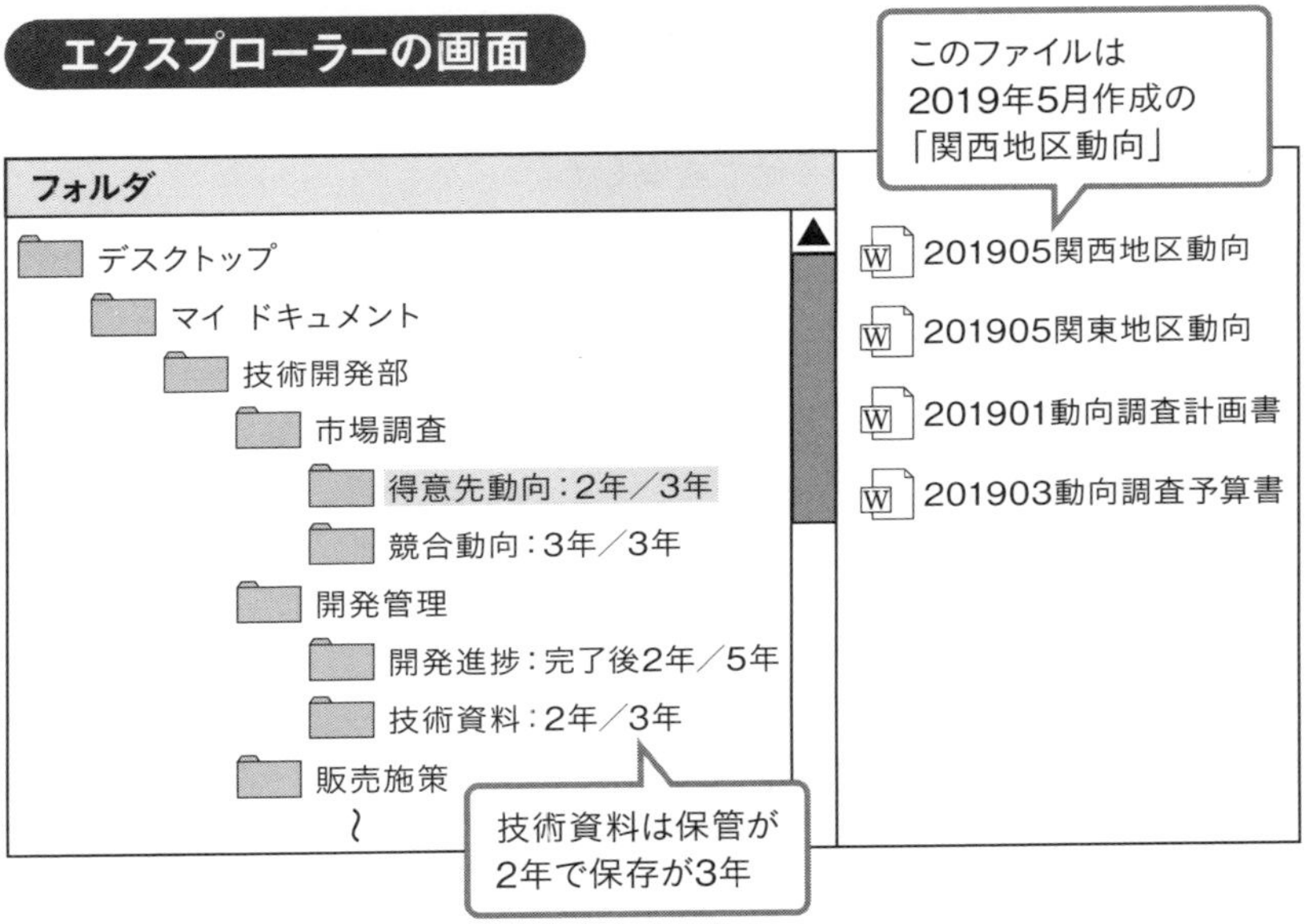

業務ファイル体系表

大分類＼中分類		01	02	03	04
1	市場調査	市場動向 ■○○○○○ ■○○○○○	得意先動向 ■○○○○○ ■○○○○○	競合動向 ■○○○○○ ■○○○○○	技術動向 ■○○○○○ ■○○○○○
2	開発管理	開発委員会 ■○○○○○ ■○○○○○	開発企画 ■○○○○○ ■○○○○○	開発進捗 ■○○○○○ ■○○○○○	技術資料管理 ■○○○○○ ■○○○○○

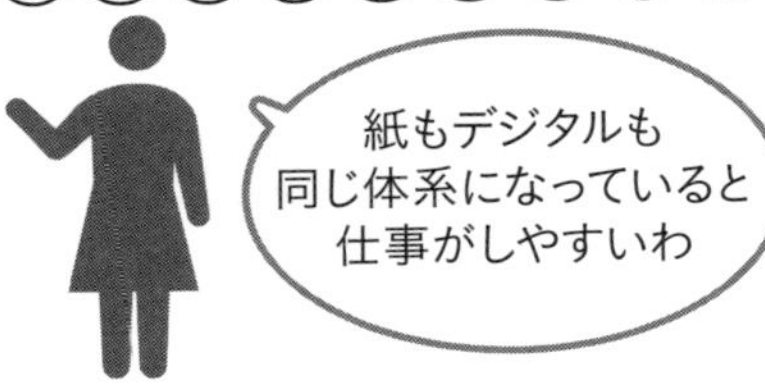

COLUMN 09

事務効率と５Ｓ

日本の製造業は、モノづくりの遺伝子を脈々と受け継ぎ、５Ｓ活動やＱＣ活動などの改善活動の開発、トヨタ自動車の「かんばん方式」や「カイゼン」に代表される生産性や品質向上のための企業努力により、生産性を大きく向上させてきました。

しかし、労働生産性の国際的なランキングを見ると、OECD 加盟 34ヵ国中で 22 番目となっており、しかも主要先進 7ヵ国中では最下位となっています。

製造業内の事務部門（生産管理、購買・外注、品質管理などの部門）やサービス業などのホワイトカラーの時間あたりの生産性が低いことが、日本の労働生産性の足を引っ張っているといえるでしょう。

その理由として次のような面があると思われます。

・経営者が事務部門の生産性に関心を持たなかったこともあり、事務部門での改善活動が低調だった

・経営目的から見た各業務の設計や業務の分担、またその責任権限、指示命令系統が曖昧だったり、効率化の遅れがあった

・社員の業務評価をする場合に、成果より努力に重点を置く傾向があり、残業していることを努力していると捉える傾向が強かった

・業務手順が属人化しているため、手順の標準化やその評価が遅れていてその有効性が低かった

・業務のＩＴ化が遅れていて、人海戦術的な仕事の進め方が多かった

このような事務部門やサービス業務での管理システムの見直しや改善が、生産性向上には欠かせません。

事務部門等では、業務の生産性を改善・改革するにあたって、生産部門の基礎改善と同様の位置づけで、業務に活用する書類や事務用品などのモノの整備（５Ｓ）、業務運用のＰＤＣＡの展開と見える化、業務担当者の多能員化の推進から始めるとよいでしょう。

これらの基礎改善を進めると、管理システム面の問題も浮き彫りになってくるので、続けてこの面の改善に着手するとよいでしょう。

勝ち抜く企業であり続けるための「５Ｓ活動」とは

SECTION 73

勝ち抜く企業になるための5S活動

5Sを拡大・深化する

勝ち抜く企業に貢献する5S活動とは、5Sの拡大と深化を図り、「形だけの5S」から改善に役立つ「身になる5S」へと成長させることだ。

勝ち抜くモノづくり経営

モノづくり経営の究極の狙いは、厳しい経営環境と競合企業を目の前に、これらに「勝ち抜く企業」になることです。

そのために、企業には次のような経営活動が求められます。

・高い能力とモチベーションを持った人材（人財）を育て、確保すること
・その人材が効果的に改善活動を展開できる環境を整備すること

このような経営活動により、「継続的改善を中心にしたモノづくり経営」となり、業務効率と顧客満足度の向上を実現でき、勝ち抜く企業の実現につながります。

そして、継続的改善を効果的に展開するためには、5S活動を軸にして、人材づくりと改善活動のベースづくりを進めることです。

5Sの進化

5Sは「形をつくる」ことも、導入の段階では大切です。

しかし、5S活動を「形だけの5S」に終わらせている企業も多く、これでは継続的改善に貢献できません。

「形だけの5S」から、改善に役立つ「身になる5S」へと5Sを成長させることが大切です。

そのためには、5S活動を「拡大と深化」の視点から次のようなテーマを決め、取り組むことが大切です。

▽5Sの拡大

一般の作業者にとっての、モノの取り扱い性の向上というレベルにとどまらず、次のように5Sの拡大を展開します。

・労働力不足に対応するために、女性や高齢者にやさしい職場にする5S
・外国人労働者が安全に働け、作業の質を高められる5S

▽5Sの深化

5Sの形をつくることにとどまらず、次のような生産に役立つ、目的志向の5S活動を展開します。

・在庫の削減やリードタイムの短縮に役立つ5S
・安全の向上に役立つ5S
・環境にやさしい職場にする5S
・ヒューマンエラー防止に役立つ5S

5Sを拡大・深化する

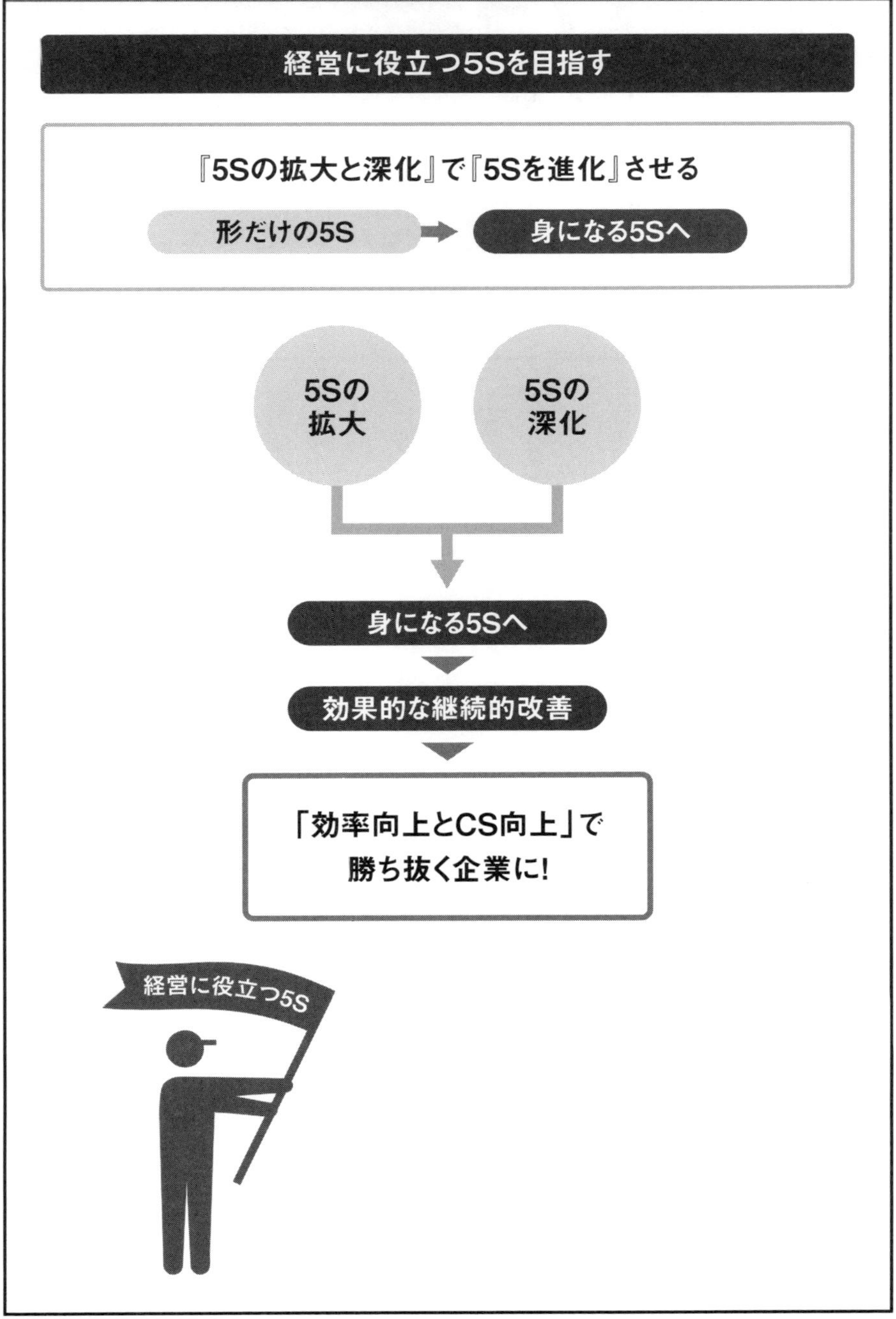

経営に役立つ5Sを目指す
『5Sの拡大と深化』で『5Sを進化』させる
形だけの5S
身になる5Sへ
5Sの拡大
5Sの深化
身になる5Sへ
効果的な継続的改善
「効率向上とCS向上」で勝ち抜く企業に!
経営に役立つ5S

SECTION 74 時間は動作や工程の流れの影

納期・リードタイム改善に役立つ5S

5Sの充実でモノを速く流す仕組みをつくる。

納期順守率の向上や生産リードタイム短縮の改善活動は、仕組み改善だけではなく、5Sがらみの現品の取り扱いに起因するムダを排除することも不可欠です。

「位置の管理」による改善の方策

・工程状態の識別……仕掛品や製品は工程状態（加工待ち、検査待ち、運搬待ち）を明示します。これにより停滞の放置、取り扱いミス予防にもつながり、結果として納期の確保やリードタイムの短縮に貢献します。

とくに同一工程内において、「受け入れ品（取り扱い未定品）」「返却品」「投入保留品」「投入待ち（加工待ち）」「加工中」「加工完了（次工程運搬待ち）」「組付け待ち部品」「工程内在庫部品」のような識別表示は効果的です。

「量の管理」による改善の方策

・欠品状態の管理……部品や原材料などの欠品（納入納期遅れや工程納期遅れ）は生産の遅れを発生させる大きな要因です。そのため、直近のロットの欠品や受け入れ状況を明確にします。

例えば、明日、組立予定のロットの「欠品部品一覧表」などを掲示した「欠品受け入れ場」を設定します。納入されたら一覧表の消し込みを行ないます。

「状態の管理」による改善の方策

・着手順管理……工程での着手順序は、計画表で明示するとともに、現品でもその順序が明確になるように、ラインごと、工程ごとに「次作業品」「次々作業品」などと表示し、保管します。

この場合、着手順は工程の責任者が段取り性、後工程の状況を考え、決定する、という方法もよいでしょう。

生産形態によっては着手順で表示するのではなく、ロットごとに当該の工程納期で表示を行なう場合もあります。

・停滞品の管理……停滞している仕掛品を放置すると吹き溜まりになり、工程混乱の要因になったり、納期確保がむずかしくなったりします。

停滞品は「停滞品置き場」と表示したエリアに隔離保管し、その停滞の理由、処置期限と進捗状況などを表示し、迅速に対応を進め、早急に停滞から抜け出せるようにします。

納期・リードタイム改善に役立つ5S

在庫削減・リードタイム短縮の5S

①部品や材料、消耗品関係は、発注点を明確化した保管方法(発注点、発注ロットの明確化)を採用して、欠品防止、過剰在庫防止を図る

②必要以上の在庫を持てないような(置こうと思っても場所がない)、置き場制限方法を工夫する

③製品の状態表示(○○工程待ち、処理待ちなど)を徹底する

④工程間の仕掛量を設定し、適正な仕掛量の見える化、在庫量の正常・非正常の見える化を図る

⑤仕掛品の停滞期間とその理由、処置予定がわかるようにする

⑥部品・材料の欠品状況・発注状況がわかる表示を採用する

リードタイム短縮に役立つ部品の状態管理

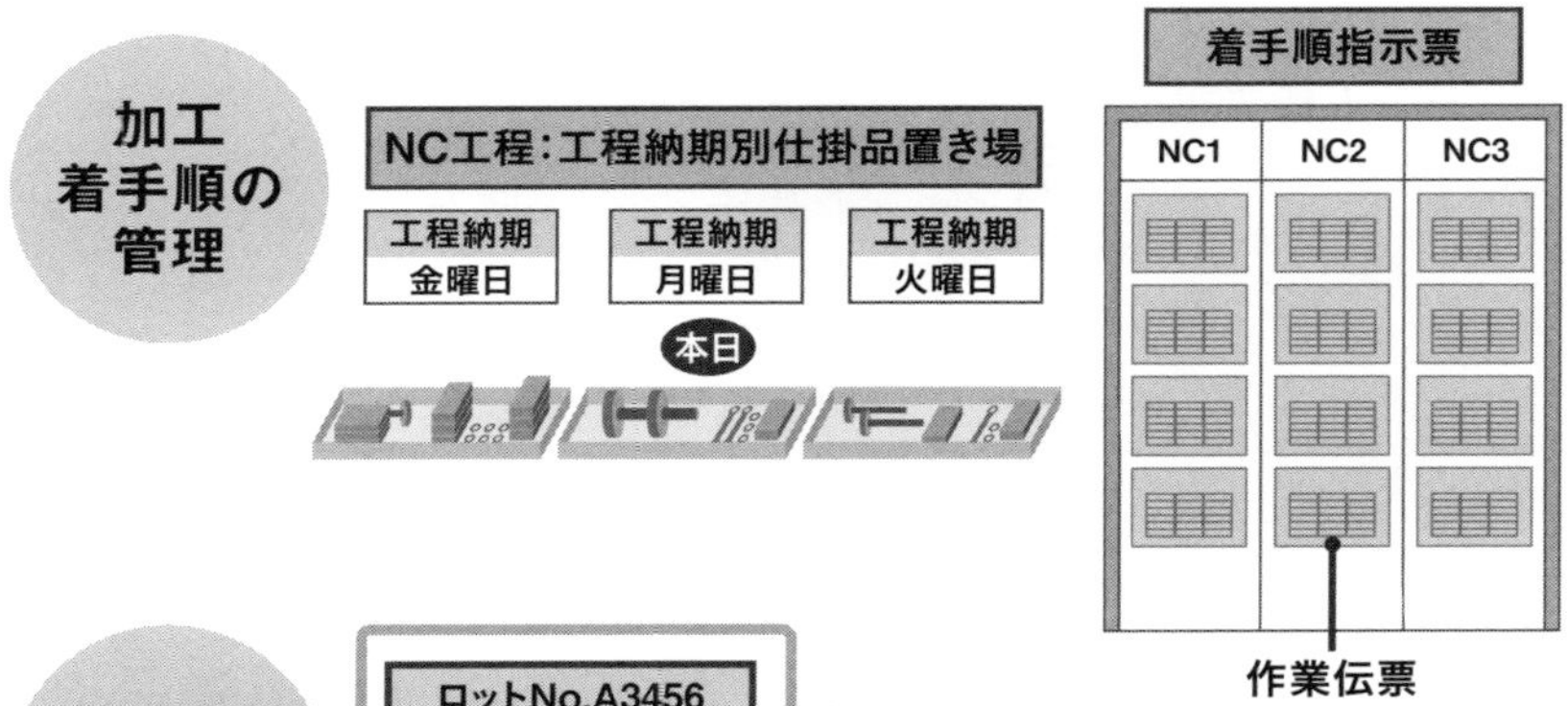

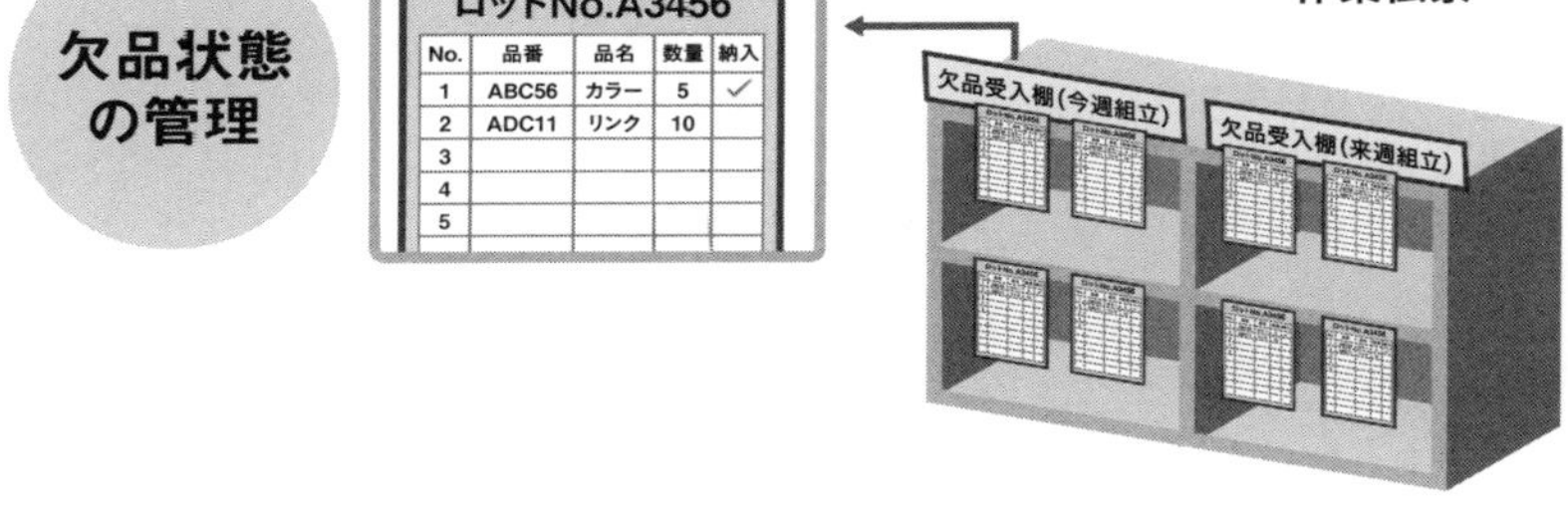

SECTION 75

人が関与する作業には常にミス・エラーが生まれる

ヒューマンエラーの防止に役立つ5S

ヒューマンエラーの元はどこにあるのか、どのように誘発されるのか、を把握することから対策が始まる。

ヒューマンエラーはなぜ生じる?

人は五感（視覚・聴覚・触覚・味覚・嗅覚）を通じて外界の情報を取り入れ（認知）、判断し（判断）、身体部位へ行動命令を起こす（行動）という一連の認知システムによって活動しています。

しかし、この認知システムの各段階で誤りを発生する可能性があり、それが「エラーの元（起因）」になります。

認知システムでは、人を取り巻く環境条件（「誘因」といいます）がよければヒューマンエラーを発生する確率は低いのですが、悪ければ確率は高まります。

この環境条件には作業場の明るさなどの作業環境や作業方法など、いろいろな側面が関係してきます。ヒューマンエラーを抑止するには、以下のようにこの環境条件を整備することが有効です。

ヒューマンエラー抑止の例

▽**視野の限界を考慮した表示の設置**……人の目が意識を集中して対象物を見ることができる範囲は、中心視から上下左右それぞれ1～1.5度程度といわれています。そこで警告表示などの設置位置はこの範囲に入るように設定します。

▽**短期記憶の弱点を考慮した作業ルール**……取り入れられた外部情報がいったん保持される短期記憶は、保持時間が数十秒程度、一度に保持できる情報の数は7±2個が最大といわれています。

そこで、短期記憶は失われるものだということを前提に、作業の手順や仕組みを考えることが大切です。

作業の中断が発生した場合は、「作業中断ラベル」でその中断作業点を明示することをルール化します。

▽**思い込み対策の警告表示**……「思い込み」とは「深く信じ込むこと、それ以外にはないと固く心に決めること」です。思い込みは認知特性の各段階で生じます。知覚段階で生じると「見たいモノのみを見る」という知覚エラーとなります。

このように発生した思い込みは、自ら気づく可能性は低い、急がされているときなどに陥りやすいという傾向があるので、**「ストップ・ルック」**の心がけの教育や、**指差呼称**運動の展開、**警告文の表示**などを進めます。

ヒューマンエラー防止に役立つ5S

ヒューマンエラーの起こり方

ヒューマンエラーの発生の元：起因（人の認知システム）

知覚認知 ▶ 記憶判断 ▶ 行動

各段階でミスを生じやすい要因

⇔ 相互作用 ⇔

ヒューマンエラーが出やすくなる環境：誘因

- 作業環境
- 職場管理
- 作業方法
- 健康・疲労
- 人間関係
- など

▼

ヒューマンエラーの現象

うっかりミス、うっかり忘れ
思い違い、意図的違反 など

▼

製造不具合
（品質不具合、作業不具合など）

思い込みを防ぐには

- 決める前、実行する前に、いったん立ち止まり、「これでいいの?」と振り返って、確認後に進める
  ……「ストップ・ルック」を意識的に行なう
- 自分の考えていること、しようとしていることを声に出す。または同僚などに話す習慣をつける
  ……これがスムーズにできるように、日頃から職場内でのコミュニケーションをよくする
- 自分で自分を知り、自分をコントロールできる力を上げる
  - ▶ あわてたり、勘に頼りすぎたりしていないか?
  - ▶ 独善的にものごとを決めたがらないか、人のいうことを聞いているか?
  - ▶ 人のことを気にしすぎて、自分の主張を抑えるということはないか?
  - ▶ 細かいデータに頼りすぎ、全体の目標を見失うということはないか?

SECTION 76

安全はすべてに優先する重要テーマだ

安全向上に役立つ5S

労働災害の直接的な原因には、「不安全行動」と「不安全状態」がある。５Ｓではこれらに物理的方法や表示などで対策を立てる。

労働災害の原因と5Sでの対策

製造業では、2万6000人（死亡・休業4日以上、平成29年）の人たちが、労働災害で死傷しています。労災死亡者は、年間160人（製造業、平成29年）にものぼっています。

労働災害がひとつの原因で起こることは稀であり、複数の原因事象が連鎖（チェーン）していて、それらの結果として事故や労働災害を引き起こしているケースがほとんどです。

災害連鎖の直接原因には、「不安全行動」と「不安全状態」の2つがあります。

▽**不安全行動とは**……手間や労力、時間やコストを省くことを優先して行なった、本人または他人の安全を阻害する可能性のある行動です。代表的な不安全行動と、5Sでの対応例を以下に紹介します。

・慣れや過信による安易な判断→［5Sでの対策］**指差呼称運動の導入**

・防音用耳栓、安全メガネを使用していない→［5Sでの対策］**躾として叱る**、安全メガネ着用の**警告文を掲示**

・クレーン下など危険な場所に入る→［5Sでの対策］横断通路部分に**開閉式の柵を設置する**、クレーン下に入りやすい場所に、立て看板など**で警告文を掲示する**

・代用の工具を使う→［5Sでの対策］使用場所に**正規の工具のみを設置する**

・誤った作業動作をする→［5Sでの対策］作業位置に**作業手順書を掲示する**

▽**不安全状態とは**……ケガや死亡などの労働災害を直接生む危険性のある、設備や職場の状態です。

5Sでの対応として、カバーなどの物理的対策や、それができない場合は明確な警告表示をします。

・機械による、はさまれ、巻き込まれの危険→［5Sでの対策］**保護柵や安全カバーを取り付ける**

・ピット周りの落下防止柵がない→［5Sでの対策］**落下防止柵を設置する**

・急な階段に手すりがない→［5Sでの対策］**手すりを設ける**

・機械の不具合が放置されている→［5Sでの対策］不具合発生または異常（異音や振動の発生など）を感知した場合は**「使用禁止」の看板を下げる**

安全向上に役立つ５Ｓ

災害連鎖の直接原因

「不安全行動」の例

- 定められた保護具を使用していない（ヘルメット、安全メガネ、耳栓など）
- 動いている機械に手を入れる
- 機械・装置などを指定外の条件で使用する
- 運転中の機械・装置の掃除、注油、修理、点検などを怠る
- 設備・装置の不具合が放置されている
- 危険な場所（モノの落下地点など）に接近する
- スピードの出しすぎ
- 代用の工具を使う
- 誤った作業動作をする
- クレーン下を通行する
- 安全装置、安全カバーを外す　　など

「不安全状態」の例

- 安全カバーが取り付けられていない
- 危険域の保護柵の扉が開いたままになっている
- ピット周りの落下防止柵がない
- 急な階段に手すりがない
- 安全通路が確保されていない
- 安全装置が取り付けられていない
- 設備・機械の不具合が放置されている
- 不安定な積み上げによる保管品の荷崩れ
- 保護具・服装に欠陥がある　　など

これらを5Sとして
物理的方法や表示などで
対策を立てよう

SECTION 77

環境改善に役立つ5Sを目指す

環境向上に役立つ5S

環境改善目標や環境維持活動を、着実かつ適切に行なうために、5Sや見える化の展開を応用して進める。

環境マネジメントシステムとは？

環境方針を設定して、これに基づいて環境改善目標を立てる。そして、これを実現する環境改善計画を立てて実施する、という環境改善活動の展開の仕組みが環境マネジメントシステムです。

このために環境側面（環境に影響を与える要素）を調査し、環境影響（企業活動から生じる環境に対する変化）を評価します。

その目的は、企業の活動や、製品またはサービスによる環境負荷や環境リスクを低減し、またその発生を予防するための活動を継続的に改善していくことです。

5Sが担う環境改善活動

環境改善目標や環境維持活動を、着実かつ適切に行なうためのインフラ整備として、次のような5S活動例があります。

▽**ごみの分別の確実化**……「分ければ資源、混ぜればごみ」。ごみの分別処理は身近な環境活動です。実際には分別基準は複雑で、適切に分別するには手間がかかります。分別基準を写真などでわかりやすく表示するとよいでしょう。

▽**緊急事態対応手順書の周知**……緊急事態に備えて対応手順書を作成する必要がありますが、大切なのは緊急時に手順書を見てすぐに行動に移せることです。

そのために手順書は、想定される緊急事態の発生場所に、明確に表示して、すぐ取り出せるように保管します。

▽**監視測定機器の校正管理の確実化**……校正作業は忘れがちです。そこで監視測定機器に、校正有効期限を示す色ラベルを貼ります。**例**：赤色のラベルは、「○○年12月末まで有効」などとルール化して、このルールも表示する

▽**局所排気装置の点検の確実化**……ダクトの損傷、排風機の異音・振動、吸気能力などを定期的に点検します。

点検結果が良好であれば、緑色のラベルを貼り、次回点検日を表示します。

▽**有機溶剤の管理の確実化**……有機溶剤は目盛り付き透明容器で保管し、目盛りが外部から目視できるようにします。購入時、使用時にチェックシートに記入し、残量が目盛りと合っていれば、目盛り部に緑色のラベルで表示します。

環境向上に役立つ５Ｓ

緊急事態対応手順書は、即参照できることが大事だ

ごみの分別の確実化の例

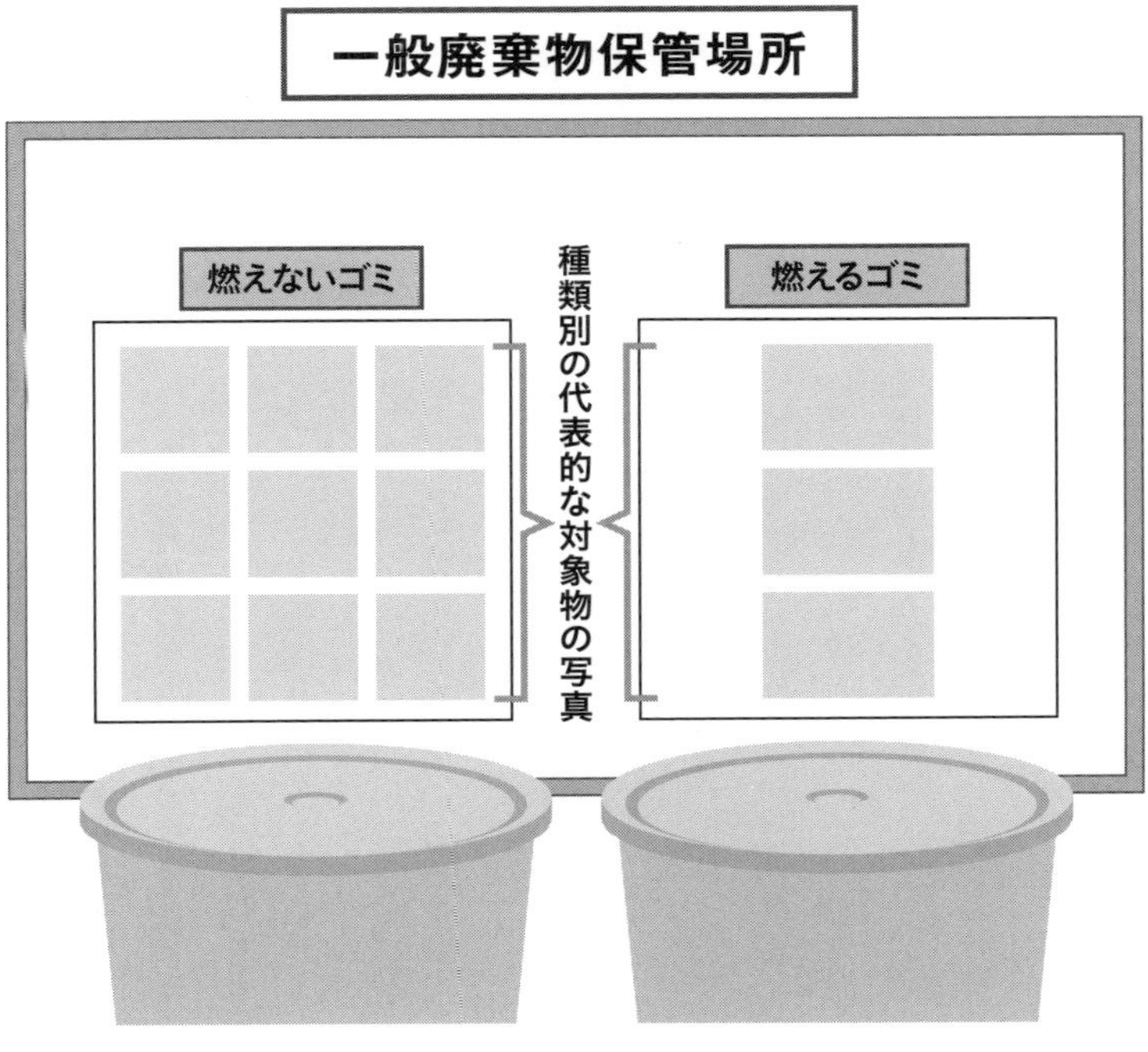

SECTION 78 国際化に対応した対策

外国人労働者対応に役立つ5S

外国人をモノづくりの要員として受け入れるには、国民性の違い、コミュニケーション不足を乗り越える工夫と努力が必要だ。

少子高齢化対策の政策が進展し、出生率が上がっても、その子供たちが生産年齢人口に達するのは20年後です。

そのため生産年齢人口を維持するには、最低でも年間約60万人程度の外国人労働者の受け入れが必要と予測されています。とくに製造業や土木・建設や介護などの業界では不可避でしょう。

外国人労働者の課題

外国人を労働者として受け入れる際には、国民性、言語、慣習、宗教面での異なる文化特性などによる「労働の質」に関するリスクも存在します。

代表的なリスクとしては、国民性の違い、仕事の展開時のコミュニケーションの不足があります。

▽国民性によるリスク

一般的に外国人労働者は職場の仲間と協調・協力して仕事を進めるというメンタルが低く、ミスを認めない、自己主張が強い、遅刻や無断欠勤をする、すぐ転職するということもよくある現象です。

そこで作業品質を確保し、所定の作業スピードを確保するうえで大切なのは、作業マニュアルで作業内容を詳細かつ具体的にして、作業に配置する前に事前教育の場などを設けて教育することです。

また、勤務規律の徹底も重要で、これが崩れると勤務姿勢とともに、作業マニュアルの順守も瓦解します。

▽コミュニケーションが取れない

製造作業はすり合わせ的な業務が常に必要で、ヒューマンエラーを防止するためには、各担当者間のコミュニケーションは必須です。

そこで仕事の進め方の基本をきちんと外国人の母国語で併記して掲示したり、朝礼で通訳者を介して訓示をするといったことも必要です。

とくに作業性に直接、影響するモノに関する表示（場所表示、位置表示、品目表示）は、外国人の母国語での併記を徹底する必要があります。

さらには、製造作業に関する日程や品質のPDCAを、予定・実績のグラフなどを掲示することで見える化し、常に仕事の状況や問題点を理解できるように、働きかけることも必要です。

外国人労働者のための5S

仕事への取り組み姿勢についての掲示の例

仕事のスリーポイント
(英)○○○○○○○○　(中)○○○○○○○○
(西)○○○○○○○○

- 作業の実施で迷ったら、すぐ相談する
  (英)○○○○○○○○　(中)○○○○○○○○
  (西)○○○○○○○○
- 手順書をきちんと守って仕事をする
  (英)○○○○○○○○　(中)○○○○○○○○
  (西)○○○○○○○○
- 機械の調子が悪いときにはすぐ連絡する
  (英)○○○○○○○○　(中)○○○○○○○○
  (西)○○○○○○○○

英語、中国語、スペイン語など出身国の言語を併記する

対訳の5Sマニュアルの作成

5Sマニュアル	5S MANUAL
目次	Contents
1. 5Sの目的	1. Purpose of 5S
2. 5Sの推進組織	2. Organization of 5S
3. 5S推進区の設定	3. Group of 5S action
⋮	⋮
10. 5Sルール	10. Rules of 5S
● 工具の扱い方	● handling of tools
● 不良品の扱い方	● handling of rejects

母国の言語での対訳版5Sマニュアルを作成する

使い方
職場・作業への導入教育
作業での自己チェック
日本語の勉強用(自己学習)など

SECTION 79 高齢者は視力の低下が顕著だ

高齢労働者対応に役立つ5S

視力だけでなく、聴力、身体の平衡機能、全身持久力などの低下が大きいので、これに対する配慮も重要だ。

2010年には8000万人以上だった「生産年齢人口（15〜64歳の人口）」は、2030年には6700万人に減ると予測されています。

このような高齢化社会の中では、高齢者を活用することが重要なテーマとなってきました。

高齢者を生産現場に迎え入れるには、高齢者特有の心身面の機能・能力の低下などへの対応が重要な課題となります。

視力の低下への対応

高齢化に伴う視力の低下は顕著です。そこで次のような視力の低下現象に、5Sの表示環境を対応させることが必要になります。

▽**近くを見る視力の低下**……多くの人は40代ころから水晶体が硬化し、近くのものに焦点を合わせることが困難になってきます。ですから表示文字は大きく設定するようにします。とくに棚などの位置表示では、文字の大きさが棚板の厚みで左右されるので、必要に応じ棚板に表示プレートを貼って、その上にテプラを貼るといった工夫が必要でしょう。

▽**より明るい光が必要**……加齢に伴い、水晶体の透明性が低下するため、60歳の人が文字を認知するには、20歳の人の3倍の光が必要といわれています。

したがって表示を読み取る作業環境では照度を上げて読みやすさの向上を図り、読み取りミスが出ないようにすることが必要です。

▽**色覚の変化**……加齢に伴い水晶体が黄色みを帯び、色の認識が困難になります。例えば、青色の背景上の黒い文字が読みにくいなどの現象が出てきます。

表示板をつくる際には、このような色覚の特性を考えて、フォントの色と背景色の組み合わせを決めるようにします。

▽**明順応、暗順応の低下**……瞳孔の反応速度が低下し、光の量の調節に時間がかかるようになります。急に明るい、または暗い環境になったりすると、最初のうちはものが見えにくくなります。そこで作業部屋と廊下の照度差、作業部屋間の照度差をできるだけ少なくします。

精密な作業を行なう場合には、こうした視力の特性への配慮が必要になります。

高齢者のための5S

高齢者のヒューマンエラーの傾向

高齢者のヒューマンエラーは、次のような心身の機能・能力の低下や情緒傾向から生じる

- **視力・聴力の低下**
- **運動機能の低下**
- **記憶力の低下**
- **高齢者の情緒行動**
  「思い込みが激しい」「過去の知識や経験からものごとを判断しがち」「自分の主義主張に頑なにこだわる」「環境や状況変化に柔軟に対応できない」「他人の注意やアドバイスを素直に聞かない」

これらの問題に対して、作業環境の整備を5Sの改善(モノの配置や照明・騒音環境、動作環境などの物理的改善や表示方法など)で進める

表示の見やすさは高齢者対策の要だ

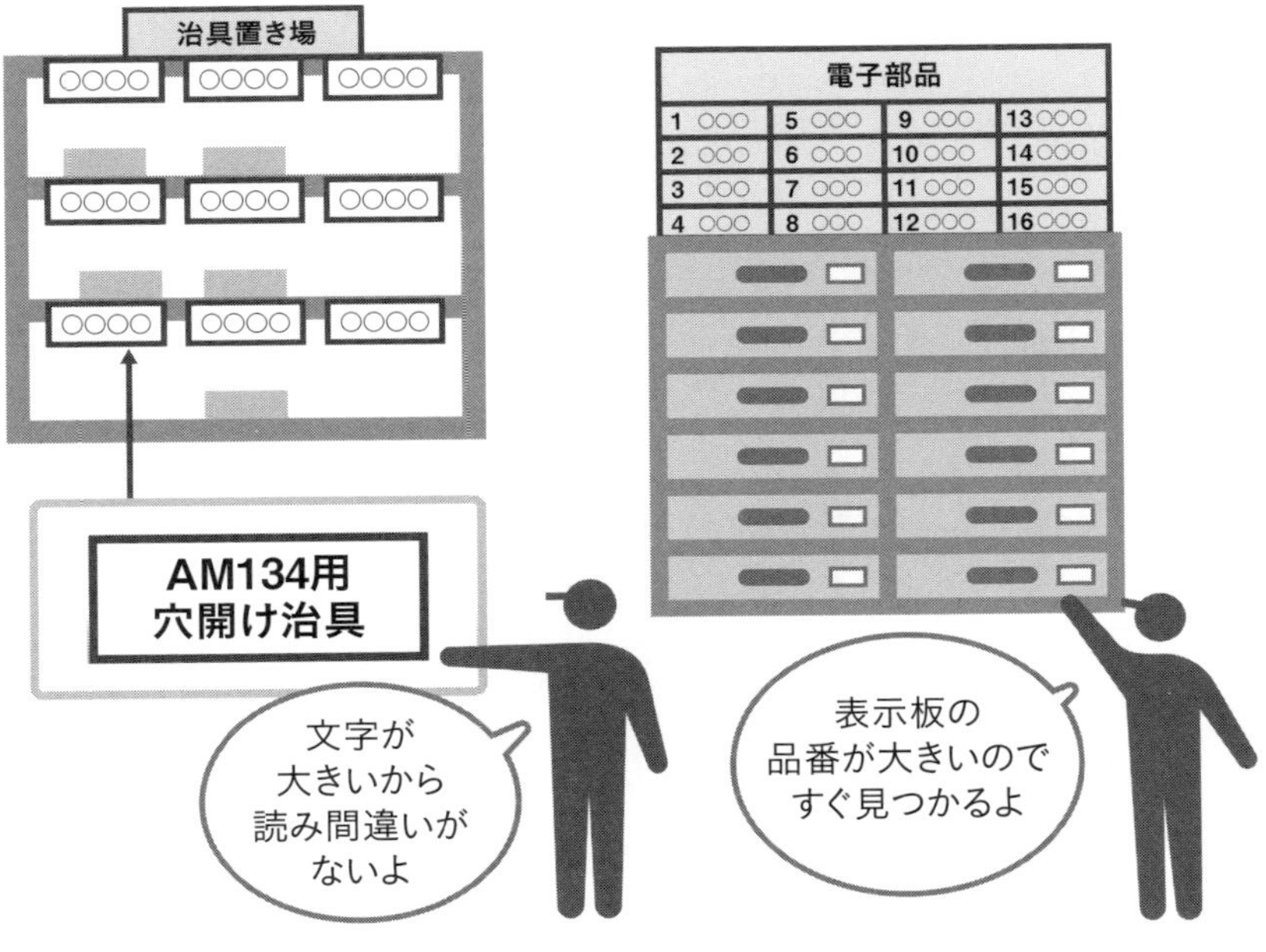

SECTION 80 男女の身体差への配慮が大切だ

女性労働者対応に役立つ5S

身長、腕の長さ、握力などの身体サイズだけでなく、筋力等の運動能力の差も考慮した作業環境を検討することが重要だ。

生産年齢人口を増やす施策の2番目は女性の社会進出の促進です。

日本の就業状況は、全産業ベースでは女性比率が約44%となっていますが、製造業では30%程度であり、かつ1990年代初めをピークに減少傾向にあります（総務省「労働力調査」平成27年）。

そこで女性の活躍を製造現場で促進するには、女性が働きやすい作業環境を整え、労働の質を高められるような（疲労を抑制し、ヒューマンエラーも起こさない）改善が欠かせません。

男女の身体差への配慮

▽作業台の高さの配慮

平均身長は、男性172cm、女性159cmでその差は13cmです。男性には適切な作業台の高さでも、女性にとっては高すぎ、疲労や筋肉痛を生む原因になります。

女性間の身長のバラツキも含め、きめ細かく作業の高さの調整ができるようにすることが必要です。

▽保管位置の配慮

腕の長さの差も作業性や動作効率に影響します。床面から上に伸ばした指先まで男性の平均は218cm、女性200cmで、その差は18cmです。こうした点を配慮して女性が主体の作業域では、部品や工具などの保管位置を低く設定します。

男女の筋力差への配慮

部位にもよりますが、男女の筋力差は大きく、例えば握力では男性約50kg、女性約30kgで、女性は男性の60%程度となっています（「平成20年度　体力・運動能力調査」文部科学省）。

女性が働きやすい作業環境にするには、筋力の負担の少ない作業環境、すなわち「軽労化」への取り組みが欠かせません。この軽労化はとくに次のような面に関して必要です。

- 運搬・移動労力の軽減→少ない筋力で作業するための補助装置の活用
- 作業時に製品などの保持力の軽減→保持具や固定装置などの活用
- 治工具や機械の操作力の軽減→軽い操作力で動作する治工具の採用
- 部品の組付力の軽減→組付治具や工具の採用

女性労働者のための5S

女性が働きやすい環境づくり

次のような改善項目・着眼点に、改善例のような物理的方法や表示などで改善を進める

改善項目		着眼点	改善例
作業姿勢の改善		● 立ち作業 ● 座り込み作業 ● 屈み込み作業 ● 不自然な姿勢	● 椅子の工夫 ● 作業台の高さの改善 ● 作業台の活用 ● 機械・治工具の操作位置の工夫
運搬作業	上下移動	● 持ち上げ力の減少 ● 持ち上げ距離の削減	● 吊り上げバランサーの利用 ● 保管場所の高さの改善 ● 自重、シュートの活用
運搬作業	水平移動	● 運搬距離の削減 ● 運搬具の改良	● 作業域のレイアウト改善 ● 運搬具の機動化
筋作業の軽減		● 筋力負担の低減 ● 動作・取り扱い回数の削減 ● 機械などの操作力の軽減 ● 部品組付力の軽減	● 動力工具の利用 ● 締め付けに油空圧の活用 ● 両手動作化で筋力負担の軽減化 ● 脚力の活用 ● 身体の最適部位(先端部位)の活用化 ● ガイド、ストッパーの設置
視覚・聴覚での疲労防止		● 視認しやすい工夫 ● 見間違いしにくい工夫 ● 見やすい位置・方向	● 照明を明るくする ● 手元照明の設置 ● 図面などの文字の大きさの工夫 ● デジタル表示の活用 ● 計器、スイッチなどを視野の中心に配置 ● 騒音の低減

COLUMN 10

ヒューマンエラーを寄せつけない5S

ミスやエラーを起こすことは、人の人たるゆえんともいえますが、その結果、製造活動のアウトプットである、P: 生産性、Q：品質、C：コスト、D：納期などの直接的な目標を損なうだけではなく、S: 安全性や M: モラールの面にも影響を及ぼし、多大な生産上のロスを生じます。

ヒューマンエラーが起こる元は、前述したように人間の認知特性の中にあるといえます。人間の認知特性とは、五感を通して外界の情報を取り入れ（認知段階）、目的を達成するための判断を行ない（判断段階）、その判断に従って身体部位に行動命令を起こす（行動段階）という一連のシステムです。

この各段階が的確に行なわれればいいのですが、人の五感などの機能の限界により、各段階で誤りを発生する可能性があります。これが「エラーの元」です。

この認知システムでは、人の内部や外部の環境条件がよければ、エラーの発生確率は低いのですが、問題は、ヒューマンエラーをより発生しやすくする側面が、認知特性を取り囲んでいることです。

・本人の人間的側面……睡眠不足、加齢などによる身体機能の低下、ストレスや悩みなどによるメンタル面の不安定さ、集中力の低下など

・人間関係や仕事に関連する側面……職場の人間関係の軋轢、仕事への取り組み時の焦りの心、ルールの不順守など仕事への取り組みの姿勢、仕事の指示命令の出し方や受け止め方など

さらに、このような人間の特性の側面と合わせて、モノに関連する次のような側面もあります。

・作業環境などに関連する側面……騒音、照明などの状況、設備・治工具の操作装置や表示装置の状況、設備などの操作のやりやすさや簡明さの状態、モノや状態を認知するための各種の表示のわかりやすさなど

５Sはこのモノの側面から、ヒューマンエラーを低減するために不可欠な活動といえます。

著者略歴

吉原 靖彦（よしはら　やすひこ）

東京都立大学（現：首都大学東京）工学部卒業。大手工作機械メーカーで生産管理、製造、設計などの実務に従事する。（社）中部産業連盟に入職し、コンサルティング部長などを歴任。2010年に㈱マネジメント21を設立し、現在、同社代表取締役、全日本能率連盟認定マスター・マネジメント・コンサルタント、JRCA登録主任審査員（ISO9001）。

専門分野は経営管理改善全般、生産管理改善、現場改善、間接業務効率化、ISO9001の認証取得支援などのコンサルティング、人材育成教育、生産管理研修など。

著書として、『図解よくわかるこれからのヒューマンエラー対策』（同文舘出版）、『仕事がどんどんうまくいく「カイゼン」の教科書』『仕事がどんどんうまくいく「段取り」の教科書』『５Ｓによるコストダウンの進め方』『業務別社内マニュアルのつくり方・活かし方』（中経出版）、『まるごと１冊新商品・新事業開発大事典』（日刊工業新聞社）など多数。

なるほど！　これでわかった
図解 よくわかる これからの５Ｓ

2019年6月6日　初版発行

著　者 ―― 吉原　靖彦
発行者 ―― 中島　治久

発行所 ―― 同文舘出版株式会社
東京都千代田区神田神保町1-41　〒101-0051
電話　営業03（3294）1801　編集03（3294）1802
振替00100-8-42935　http://www.dobunkan.co.jp

ISBN978-4-495-54031-9
印刷／製本：萩原印刷
Printed in Japan 2019